KB249882

회사 3년차를 위한

직장생활수칙

인사관리전문가
김인범 지음

66

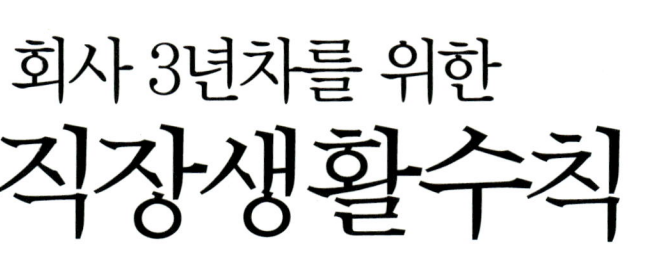

회사 3년차를 위한

직장생활수칙

| 인사관리전문가
| 김인범 지음

66

이담
Books

감사의 글

작은 책이지만 이 책이 나오기까지 감사하고픈 사람들이 있습니다. 주위에서 항상 저에게 성공의 꿈을 말해 주는 사람들입니다. 먼저 부모님께 감사의 말씀을 드립니다. 저를 세상의 빛을 보게 해 준, 제게는 꼭 있어야 하시는 분들입니다. 사랑하지만 사랑한다는 말을 제대로 못 하는 저에게 있어 인생의 동 반자인 아내 정아에게 감사하고 싶습니다. 제가 하는 일을 그저 옆에 서 지켜봐 주는 것만으로도 제게는 도움이 됩니다. 그리고 성공이라 는 의미와 행복이라는 의미를 제게 알려주는 우리 아들 민성이에게 항상 자랑스러운 아빠가 되고 싶습니다. 고려대학교 문형구 원장님, 권성우 교수님, 그리고 고욱 강사님께 감 사를 드립니다. 제가 매너리즘에 빠지지 않도록 해주시는 분들입니 다. 마지막으로 한국학술정보(주) 채종준 대표님과 직원들에게 감사 의 말씀을 전합니다. 작은 씨앗이 열매가 될 수 있게 도와주신 분들 입니다. 감사합니다.

2010년 9월 1일
오늘도 이력서를 쓰는 김인범 드림

회사에서 성공하기 위해서는
당신의 태도가 중요하다

회사에서의 성공은 모든 직장인들이 이루고자 하는 꿈이다. 오늘도 많은 사람들이 그 꿈을 이루기 위해서 회사에 취직하고, 그 꿈을 이루기 위해서 노력하고 있다. 꿈을 가지고 노력한다는 것은 인생을 살면서 자기의 정체성을 찾아가는 멋진 일이다.

그러나 이런 멋진 성공을 꿈꾸는 여러분에게, 여러분은 과연 꿈을 이루기 위한 방법에 대해서 진지하게 고민을 하고 있는지, 고민을 하였다면 성공을 위해서 최선을 다하고 있는지, 그리고 스스로에게 그 해답을 찾아보았는지 물어보고 싶다.

회사 생활은 자신의 생각에 따라 얼마든지 즐겁고 재미있게 생활할 수도 있지만, 반대로 하루하루가 지겹고 고단하고 따분한 생활이 될 수도 있다. 회사에서의 성공은 회사 생활을 즐겁고 재미있게 하는 사람만이 가질 수 있는 권리이다. 회사 생활이 즐겁고 재미있는 사람은 당연히 즐거운 마음으로 일을 하게 되고, 일이 즐거운 사람은 일에 대한 열정을 갖게 되는데, 회사에서의 성공은 올바른 태도를 가지고 회사와 일에 얼마만큼의 열정을 쏟는지가 결정하게 된다.

그런데 문제는 회사에서 성공하기 위해서 가져야 될 태도와 열정 때문에 우리의 고민이 시작된다는 것이다. 성공의 열쇠가 되는 태도와 열정이 후천적인 노력보다는 선천적인 요인에 더 많은 영향을 받는다는 것이 우리에게는 커다란 도전이 되는 것이다.

물론, 태도와 열정이 선천적인 요인에 영향을 받는다고 해서 노력을 해도 전혀 태도와 열정이 바뀌지 않는다는 것은 아니지만, 그만큼 올바른 태도와 열정을 갖는 일은 어려운 과정이라고 할 수 있다. 그래서 당신과 함께 회사에서의 성공이라는 꿈을 실현하기 위해서 태도를 변화시킬 수 있고 열정을 가질 수 있는 방법에 대해서 서로 고민하고 그 길을 함께 찾아보는 여행을 시작하고자 하는 것이다.

디지털 세상에서 사람의 태도와 열정에 대해서 운운하는 것은 시대에 맞지 않는 생각이라고 주장하는 사람도 있을 것이다. 그렇지만 시대가 변해도 변하지 않는 진리는, 회사는 사람들로 구성되어 있다는 것이다. 회사가 사람들로 구성되어 있기 때문에 사람과 사람 사이의 관계에서 어떻게 회사의 상사를 대하고 회사의 동료와 어떤 관계를 가질 것인가는 회사에서 서로가 신뢰할 수 있는 관계를 만들어 주는 시작점이 되기 때문에 중요하다. 회사에서 사람과의 신뢰관계는 당신이 회사에서 성공할 수 있는 올바른 태도와 열정을 만들어 주는 중요한 요인이다.

새로운 세대에서는 자기 개인인격에 대한 존중이 필요하다고 이야기한다. 인터넷 등 IT기술 발전으로 인하여 자기만의 개인적인 생활이 가능해진 환경에서는 스스로 생활의 절제를 위해서라도 자기 존중이 필요하다는 것으로 이해되기 때문에 일리 있는 주장이라는 생각이 들지만, 여러분은 혼자 생활하는 것이 아니라 사람의 집합체인 회사에 다니고 있거나 앞으로 다니게 될 것이라는 점이 중요하다. 여러분이 회사에서 근무하면서 여러분의 꿈을 이루기 위해서는 스스로에 대한 인격 존중보다도 상대방을 존중하는 태도가 더욱 중요하다는 것을 알게 될 것이다. 상대방을 존중하는 태도가 신뢰의 인간관계를 형성해 주기 때문인데, 신뢰의 인간관계 속에서 회사 생활이 즐겁게 느껴진다면 여러분은 자연스럽게 회사에 대한 올바른 태도와 열정이 생기게 된다.

그럼 지금부터 본격적으로 회사에서 성공하기 위해서 당신이 가져야 할 태도와 열정에 대해서 이야기하고 생각해 보는 시간을 가져보자.

개인적인 작은 소망이 있다면 여러분이 이 글을 읽고 자신의 태도 변화를 통하여 회사에서 성공하는 사람이 되었으면 한다.

전체적으로 글의 내용은 세 가지 주제로 구성되어 있다.

첫 번째 주제는 회사에서 성공하기 위해서 필요한 기본적인 태도에 관한 이야기다. 회사에서 지켜야 하는 예절이라고도 말할 수 있는데, 우리는 첫 번째 주제를 통해서 올바른 기본적인 회사 생활의 원칙을 이해하고 회사가 요구하는 인재상을 이해하게 될 것이다.

두 번째 주제는 회사 생활에서 가장 중요한 상사와의 관계를 어떻게 가질 것인지에 대한 내용이다. 상사와의 관계를 어떻게 가지느냐에 따라 회사 생활이 달라지기 때문인데, 상사도 사람이기에 건전한 아부(?)를 통해서 충분히 그 관계를 좋은 방향으로 만들어 갈 수 있다.

세 번째 주제는 회사의 생활을 이해하고, 상사와의 신뢰관계를 만든 직장인들에게 필요한 개인적인 성공에 대한 태도이다. 가장 일반적인 내용이지만 가장 지켜지지 않는 행동 원칙이다. 우리가 이미 알고 있는 내용이라서 설명이 더 이상 필요 없을 수도 있지만, 다시 한 번 더 생각하면서 스스로가 제대로 그러한 행동 원칙을 지키기 위해서 노력을 하고 있는지 자문해 보아야 하는 내용들이다. 성공을 위해서는 알고 있는 내용이라도 그 내용 자체를 자신의 것으로 만들기 위해서 한 번 더 고민하고 반성하는 자세가 필요하다.

CONTENS

제2장 직장생활수칙 : 상사와의 관계

제1장 직장생활수칙

태도

1

남들이 다 YES라고 하는 데는
그만한 이유가 있다

　회사 생활을 하면서 다른 직원들이 모두 YES라고 할 때 혼자만 NO라고 이야기하는 것은 경솔한 행동이 될 수 있다.

　TV 광고 중 남들은 다 YES라고 하는데 유독 혼자만 NO라고 이야기하는 사람이 나오는 광고가 있다. 그 NO라고 말하는 사람은 마치 다른 사람과 달리 자기 주관이 있고 남들과 다르게 생각할 줄 아는 사람이고, YES라고 말하는 사람들은 대부분 회사 내에서 항상 YES라고만 이야기하는 인형 같은 존재로 느껴지는 광고 내용이다.

　광고에서 NO라고 말하는 사람은 창의적인 사람이고 YES라고 말하는 사람들은 창의적이지 못한 사람으로 비춰지지만, 회사에서 항상 NO라고 말하는 사람만을 필요로 하는 것은 아니다. 회사에서는 YES라고 말하는 직원, NO라고 말하는 직원 모두가 필요하다.

회사에서 필요한 창의성은 다양성으로부터 나오기 때문인데 나와 다른 의견을 가진 사람이 있다는 것은 그만큼 다양한 사람들로 구성되어 있다는 것으로 해석할 수 있기 때문이다.

광고의 영향 때문은 아니겠지만, 회사에서는 반대를 위한 반대를 하는 직원들도 있다. 회사에서 무엇이 중요하고 그렇지 않은지를 생각하기보다는 다른 직원들이 나보다 능력이 떨어지는 것 같아서 또는 나보다 잘난 것 같아서 반대를 위한 반대를 하는 직원들이 있는데, 그런 직원들이 조직에서는 악성 바이러스 같은 존재가 된다. 항상 부정적이기 때문에 조직에 미치는 영향이 항상 부정적인 결과를 가져온다. 회사에서는 남들이 다 YES라고 하는데 NO라고 말할 줄 아는 직원이 용기 있는 직원이 아니라 혹시나 회사에서 반대를 위한 반대를 하는 직원이 아닌지 살펴보는 지혜가 필요하다.

그러므로 회사를 구성하는 구성원으로서 당신은 다른 직원들이 모두 YES라고 이야기하면 그 YES라는 이야기가 무슨 의미인지를 한 번 정도는 생각해 보아야 한다. 그냥 생각 없이 다른 동료들이 YES라고 이야기하는데 자기 자신만 돋보이기 위해서 NO라고 이야기하는 것은 바람직하지 않다. NO라고 대답하는 것이 자기의 자신감을 표현하려는 욕심이라고 하더라도 그 NO라는 대답에는 자신감보다는 논리적인 설득력이 더욱 필요하다.

회사는 회사마다 고유한 조직 문화를 가지고 있다. 이 조직 문화는 단기간에 형성된 것이 아니라 장기간에 걸쳐 조직 구성원들의 암묵적인 동의를 통해서 형성된 것으로 조직이나 직원들의 의사결정 기준이 된다. 일단 형성된 조직 문화는 바꾸기가 어렵다. 최근에는 조직 문화에 대한 접근을 의도적으로 조직의 방향성에 맞게 바꾸려는 시도가 있기는 하지만, 쉽게 바꿀 수 있는 주제가 아니다. 특히 성공한 조직일수록 조직 문화에 대한 집착과 관성이 있기 때문에 더욱 바꾸기가 어렵다.

다른 직원들이 당신을 제외하고 모두 YES라고 말한다는 것은 조직의 전통과 역사로부터 형성된 조직 문화에 근거한 행동이다. 다른 동료들이 다 YES라고 하는데 굳이 처음부터 NO라고 말하는 것은 스스로 조직 문화에 적응하는 것이 어렵다고 이야기하는 것이다.

당신이 조직 문화에 적응하기가 어렵다고 이야기할 때 당신 상사가 당신에 대해서 어떻게 생각할지를 생각해 보자.

상사에게 당신은 특별하기 때문에 조직에 순응할 생각이 없다고 말했을 때, 상사가 과연 당신의 의견을 들어주고 당신의 생각이 옳기 때문에 당신에 대해서 다른 직원들과는 다른 대접을 해 줄 것이라고 기대한다면, 당신의 착각은 이미 도를 넘어서는 것이다. 당신은 이런 상황을 제대로 이해하고 생각해야 한다. 상사가 당신을 어떻게 생각할 것이며, 당신에 대해서 어떤 행동을 취할 것인지에 대해서 생각해야 한다.

어쩌면 생각보다는 제대로 된 판단을 하는 것이 옳을 수도 있다. 회사와 당신이 서로 맞지 않기 때문에 다른 회사로 이직해야 하는지에 대한 판단이 이 상황에서는 가장 올바른 결정이 될 수도 있기 때문이다. 회사에 제대로 적응하지 못하겠다고 말한 당신에 대한 회사의 다음 결과가 너무나도 자명하게 보이기 때문에 회사를 떠나는 것이 가장 현명한 방법이 될 수도 있다.

NO라고 당당하게 말한 당신은 회사에서 직원으로서 대접은 기대하기 어려워질 것이고, 다른 직원들은 당신을 나와는 다른 사람으로 생각하게 될 것이다. 당신은 회사 내에서 당신과 공통점이 있는 동료 직원을 찾기가 어렵게 되고 같이 대화할 수 있는 상대가 없어서 스스로의 외로움에 묻히게 된다. 당신은 더 이상 회사 생활이 즐겁지 않게 되고 그냥 시간만 보내게 되는 회사 생활이 지겨워질 것이다.

지겨운 회사 생활을 청산하기 위해서 당신은 다른 회사를 기웃거릴 수밖에 없다. 하지만 당신이 명심해야 할 것이 있다. 당신이 기웃거리는 다른 회사도 기존 회사와 상황이 별로 다르지 않다는 것을 기억하고 있어야 한다. 그렇지 않으면 당신이 다른 회사로 이직하더라도 다시 똑같은 실패를 경험하게 될 것이다.

당신은 다른 동료 직원들이 다 YES라고 했을 때 그 말의 의미가 무엇인지를 생각해 보고 판단할 수 있는 능력을 키워야 한다. 그래야 다른 직원들의 의견이 당신과 다를 때, 당신이 자신만의 관점과 논리가 있다면 당신의 관점에서 조직 문화를 바꿀 수 있는 기회를 가질 수 있다. 다른 동료 직원들이 YES라고 말할 때 다른 동료 직원들과 달라 보이기 위해서 NO를 하는 것이 아니라, 자신의 생각과 논리로 회사에 기여하기 위해서 NO를 하는 것이기 때문에 당신의 상사가 제대로 된 상사라면 당신의 논리적인 의견을 들어주고 함께 고민할 것이다.

2

아부도 예절이다

'회사에서 성공하고 싶으면 당신 상사에게 아부를 해야 한다'라는 주제에 대해서 여러분은 과연 어떤 느낌이 드는지가 궁금하다.

여러분은 글로벌 시대에 있어 이제는 능력으로 승부하는 세상인데, 무슨 말도 안 되는 이야기를 하는 것이냐고 할 수도 있고, 심지어는 너무 화가 나서 이 책을 더 이상 읽지 않는 사람도 있을 수 있다(조금은 과장된 이야기일 수 있다). 그렇다면 서점에 있는 그 많은 처세술 관련 책들이 출간되고 독자들이 그 많은 처세술 관련 책들을 읽는 것은 어떻게 해석해야 하는 것인지, 어떤 성공의 방법을 찾고자 하는 것인지가 궁금할 뿐이다.

회사에서의 성공, 처세술, 성공학 등 자기 계발 관련 책에서 자주 이야기하는 주제는 상사와의 관계에 관한 것이다. 책의 내용은 되도록 읽는 사람들의 거부감이 최소화되도록 표현하고 있지만, 공통적인 주제가 상사에게 아부하고 회사에서 제대로 튼튼한 줄을 잡아야 회사에서 성공할 수 있다는 주제가 판을 치고 있다. 회사에서 제대로 정치를 해야지만 오래 살아남을 수 있고 앞으로도 잘 나갈 수 있다는 이야기가 주를 이루고 있는 것이다.

회사에서 성공하기 위해서는 상사에게 아부할 필요도 있는데 많은 사람들이 이 논리를 부정하고 싶어 한다. 아부를 하지 않아도 자신의 능력으로 충분히 성공할 수 있다고 믿기 때문일 것이다. 하지만 이것은 인간의 내면에는 겉으로 보이는 진실 아닌 진실(능력으로 승부할 수 있다는 진실)의 이유보다는 아부를 제대로 하지 못하기 때문에 스스로 아부를 부정하는 핑계일 수도 있다.

회사에서의 성공을 위한 상사와의 관계에서 과연 아부라는 것이 필요한 것인지 아닌지 고민해 보면 필요할 수밖에 없다는 결론에 도달하게 된다. 그렇다고 당신에게 우리가 흔히 알고 있는 아부(?)를 적극적으로 하라고 말하는 것은 아니다(절대로 오해를 하지 않았으면 한다).

우리는 아부라는 의미에 대해서 스스로의 선입관에서 벗어나는 것이 우선적으로 중요하다. 우리가 아부에 대한 선입관이 있기 때문에 아부에 대해서 부정적인 생각이 강할 수도 있다. 아부라는 것을 마치 애완견처럼 주인에게 꼬리 치는 것만으로 생각하기 때문에 조직 내에서 아부하는 사람을 부정적으로 보는 것이다.

여기에서 우리는 아부가 무엇인지를 명확하게 이해하고 정의 내려야 한다.

아부는 부정적인 아부와 긍정적인 아부로 나누어 볼 수 있는데, 부정적인 아부에 대해서는 잘 알고 있지만 긍정적인 아부에 대해서는 우리가 잘 알지 못하는 것이 사실이다.

부정적인 아부는 조건 없이 상사에게 아첨하는 것이다. 이 아부는 다른 사람들이 보기에 그림도 좋지 않고 다른 동료 직원들의 감정을 상하게 만드는 결과를 가져온다. 다른 직원의 아부로 인해서 당신이 회사에서 차별적 대우를 받게 되면 당연히 기분이 좋을 리 없다. 회사에서 손금이 안 보일 정도로 상사한테 비빈다는 표현을 쓰는 아부가 바로 부정적인 아부이다.

긍정적인 아부는 회사에서 당신이 기댈 수 있는 언덕을 만드는 기술이다. 상사가 일을 지시하기 전에 업무상 필요한 일이라는 것을 스스로 판단하여 일의 결과를 만들어 냄으로써 상사의 신뢰를 얻는 것을 말한다. 긍정적인 아부는 다른 직원들이 부정적인 시각으로 보지도 않을 뿐만 아니라 회사에서 능력 있는 직원으로 도약할 수 있는 기반을 만들 수 있는 기술이다. 그런데도 우리는 여전히 이 긍정적인 아부에 대해서는 잘 알지도 못하고, 제대로 실행할 수 있는 능력도 부족하다.

그래서 그런지 몰라도 회사에서는 부정적인 아부를 하는 직원들만 종종 눈에 띄는 것일지도 모른다. 물론 회사에서 상사에게 아부를 해서 손해 볼 것은 없다. 그리고 아부를 받아서 싫어하는 상사도 세상에는 없다. 그렇다 하더라도 우리는 우리의 성공 기반을 모래가 아닌 탄탄한 기반 위에 쌓기 위해서는 긍정적인 아부를 회사에서 생활화해야 한다.

긍정적인 아부에 대해서 관심도 없고 실행할 자신도 없는 직원은 회사에서의 성공을 접어야 한다. 부정적인 아부를 해서 길게 회사 생활을 할 수도 있지만, 그것이 인생에 있어서 무슨 의미가 있는지는 당신 스스로가 더 잘 알 것이다.

회사에서의 성공은 능동적으로 행동하는 사람의 것이다. 상사가 일을 지시하기 전에 그 일에 대해서 고민하고, 상사가 무엇을 물어보면 항상 고민하고 있던 내용에 대해서 명쾌하게 자신의 의견을 제시하고, 상사가 지시한 업무에 대해서는 상사의 입장에서 지시한 내용에 대한 결과물을 제시하는 자세가 바로 능동적인 사람들이 가지고 있는 태도이다. 그러기 때문에 긍정적인 아부의 기술을 사용할 줄 아는 사람만이 회사에서 성공할 수 있다. 이런 유형의 직원이 회사에서 성공해야 회사도 오랜 기간 생존할 수 있게 된다.

3

인사를 잘하는 것도 능력이다

당신이 인사를 제대로 하지 못하는 직원이라면 인사를 잘한다는 직원들의 행동을 유심히 살펴볼 필요가 있다. 인사를 잘하는 직원과 그렇지 못한 당신과의 차이점을 찾아서 스스로 고쳐 나가야 한다.

인사를 잘하는 직원에 대해서는 회사 내에서 다른 직원들이 이런 저런 이야기를 하지 않는 데 반하여 인사를 제대로 하지 못하는 직원이라고 낙인이 찍히면, 회사 내에서 본인의 의도와는 상관없이 건방진 태도를 가진 직원으로 많은 동료들의 입에 오르게 된다. 그렇기 때문에 당신의 능력과는 상관없이 당신은 무능력한 직원이 될 수밖에 없는 환경에 처하게 된다.

인사를 잘한다는 사람들의 공통점은 인사를 할 때 밝게 웃는다는 것이다. 이 유형에 해당하는 사람들은 인사를 할 때 표정이 굳어 있거나 찡그린 표정을 짓지 않는다. 그리고 더욱 중요한 것은 인사를 해야 하는 상대방을 구분하지 않는다. 상대방이 상사이건 후배 사원이건 또는 회사 직원이건 회사 직원이 아니건 상관없이 기쁜 마음으로 인사를 하는 것을 볼 수 있다. 회사에서 우연히 마주치는 사람이 우리 회사 직원이건 아니건 간에 우선 인사를 하는 습관을 갖는 것은 매우 중요하다.

인사를 받는 사람이 인사를 받아서 기분이 나빠졌다는 이야기를 들어 본 적이 없다. 회사의 외부 사람들은 아마도 우리 회사의 고객일 것이다. 얼굴도 본 적 없는 고객에게 당신이 기쁘게 인사를 한다면 그 고객은 우리 회사에 대해서 호감을 갖게 되고 당신에 대해서도 호감을 갖게 된다. 혹시 모르지 않는가, 그 고객이 우리 회사의 중요한 고객이어서 인사를 잘하는 당신 때문에 우리 회사의 매출이 팍팍 올라갈지는 아무도 모르는 것이다.

인사는 상대방에 대한 존경의 표현이자, 동시에 나의 존재감을 알리는 행동이다. 사람은 본능적으로 소리와 행동에 반응하기 때문에 인사를 하게 되면 인사를 하는 사람을 한 번 더 쳐다보게 되고 인사를 하는 사람에게 관심을 갖게 된다. 그냥 인사를 한 것뿐인데 다른 직원들의 관심을 끌 수 있다는 것이 회사 생활에서 얼마나 득이 되는지는 나중에 당신 스스로가 알게 될 것이다. 남들은 다른 직원들의 이목을 끌려고 별별 수단과 방법을 동원하는데도 가벼운 인사만으로 이런 효과가 있을 수 있다는 것은 인사를 잘하는 사람들이 누릴 수 있는 특권이자 스스로를 능력 있는 직원으로 만들 수 있는 계기가 될 수 있다.

회사 내에서 서로 인사를 하는 것을 당연하다고 생각하겠지만, 의외로 많은 사람들이 기본적인 인사예절을 지키지 않는 경우가 많다. 당신 주변에서 인사를 하는 직원들의 태도를 한번 살펴보자.

복도에서 마주치는 사람을 보는 척 마는 척하는 사람, 멀리서 상사의 모습이 보이면 인사하는 것이 싫어서 상사하고 반대 방향으로 돌아가는 사람도 있고, 다른 사람들이 무안하게 화장실에서 괜히 큰 소리로 인사하는 사람, 인사를 하면서 상대방의 눈을 응시하는 조폭형 인사를 하는 사람 등 인사를 한다고 하지만, 인사를 받는 사람 입장에서는 전혀 인사가 아닌 행동을 하는 사람들이 주변에는 너무나도 많다.

인사는 받는 사람이 인사를 받고 나서 기분이 좋아지게 되는 그런 인사를 해야 한다. 그런 인사를 받게 되면 당연히 받는 사람도 답례를 하는 것이 인사의 기본적 행동이다. 인사를 통해서 서로 간에 기분이 좋아지게 되면 서로의 신뢰관계가 형성되기 시작한다. 이렇게 인사가 중요하기 때문에 인사를 제대로 하는 태도가 중요한 것이다.

그럼 지금부터는 당신의 인사하는 태도를 점검해 보자.

당신이 회사에 출근을 해서 제일 먼저 하는 행동은 당연히 당신의 상사, 동료들에게 아침 인사를 하는 행동일 것이다. 아침 인사를 할 때 당신이 가지고 있는 마음의 태도에 대해서 생각해 보자. 당신의 마음이 그대로 인사를 하는 행동에 투영되기 때문에 당신이 가진 마음의 태도는 그대로 다른 사람에게 전달된다.

어제 늦게까지 술을 마셔서 얼굴은 푸석푸석하고, 꼭 누군가가 시켜서 억지로 인사하는 것처럼 힘없는 목소리로 온갖 인상을 쓰면서 인사를 하고 있지는 않은지 오늘 아침에 있었던 당신의 태도를 생각해 보자.

만약 당신의 인사 태도가 부정적이라면 당장 인사하는 태도를 바꾸어야 한다. 밝고 명랑한 목소리와 밝은 표정으로 인사를 해야 회사 동료들도 당신 때문에 기분 좋게 아침을 맞이하게 되고 일의 능률이 오르게 된다. 인상을 쓰면서 인사를 하면 인사를 받는 사람 입장에서 기분이 언짢아지는 것은 당연하다(심지어 속으로 욕을 하는 직원도 있을 수 있다).

더군다나 개인적인 일 때문에 늦게 출근하고 나서 인사도 하는 둥 마는 둥 하면서 부정적인 태도로 인사를 한다면 당신의 상사는 그런 당신의 행동을 보면서 그 상황에서는 아무 말도 안 하겠지만 마음속으로는 당신에 대한 부정적인 이미지를 갖게 된다(한마디로 찍힌다).

퇴근 시 인사를 하는 것도 중요한 하루의 마무리이다. 상사보다 먼저 퇴근해야 하는 일이 생겨서 퇴근하게 되면 괜히 미안스럽다는 생각이 든다. 그래서 일부러 아무도 모르게 퇴근하는 것이 예의라고 생각할 수도 있지만 그런 상황에서도 퇴근 시에는 밝게 인사를 하고 먼저 가겠다고 말하는 것이 중요하다. 그래야 상사들이 당신이 퇴근하는 것을 알게 되고 당신이 일찍 퇴근하더라고 당신의 기분 좋은 인사로 인해 상사들은 넓은 마음으로 당신의 퇴근을 즐거운 마음으로 받아 주게 된다.

일찍 퇴근하는 것이 미안하다고 아무도 모르게 퇴근하면서 회사에서 아무도 모를 것이라는 생각은 당신만이 가지고 있는 생각일 뿐이다. 상사들은 이미 회사에서 많은 경험을 가지고 있는 사람들이기 때문에 당신이 말을 안 하고 퇴근한다고 해서 당신이 퇴근했다는 사실을 모르는 것이 아니다. 단지, 모르는 척할 뿐이다.

출근은 남보다 빠르게,
퇴근은 남보다 늦게

출근시간이나 퇴근시간에 대한 개인적인 통념만 깨면 다른 직원과 차별화된 직원이 될 수 있다. 출퇴근 시간에 대한 통념은 그 시간에 맞춰서 꼭 출퇴근을 해야 한다는 스스로 지키는 원칙인데, 이 원칙을 벗어나는 사고와 행동이 필요하다.

회사에서 능력을 인정받는 가장 빠른 지름길은 남들과 다르게 스스로를 차별화하는 것이다. 남들과 다르게 차별화한다는 말의 의미는 당신의 외형을 차별화하라는 의미가 아니라 자기의식과 철학을 가지고 회사 생활을 하라는 것이다.

회사 생활을 하면서 자기의식과 철학이 있는 직원들은 바쁜 회사 생활에서도 시간을 쪼개어 자기 계발에 투자를 한다. 반대로 자기의식과 철학이 없는 직원들은 시간이 없어서 자기 계발을 할 수 없다고 이야기하거나 자기 계발에 대한 계획을 세우지만 제대로 실천하지 못한다.

솔직히 직장인 중에서 남들보다 일찍 일어나서 자기 계발에 투자를 하겠다고 이야기하는 사람 중에서 실제로 이런 계획을 실천하는 사람을 거의 보지 못했다(물론 간혹 예외적인 경우도 있다). 또한 정시에 퇴근해 학원에 가서 공부를 하겠다고 이야기하지만 이 또한 실천하는 사람을 거의 보지 못했다(이 또한 간혹 예외적으로 학원에서 열심히 공부하는 사람도 있다).

이렇게 자기 투자에 대한 학습 계획을 세우지만 결국에는 제대로 실천하지 못하는 사람들이 공통적으로 하는 이야기는 시간이 없다는 불만이다. 이 시간이 없다는 불만에서 우리가 의미 있게 생각해야 하는 것은 시간이 없다는 이야기는 단지 핑계를 위해서 만들어 내는 핑계라는 것이다.

당신이 출근해서 퇴근하고 집에서 잠이 드는 시각까지 당신의 하루를 생각해 보자. 하루라는 시간 속에서 자기 투자의 시간이 없었다고 이야기하지만 당신은 하루라는 시간에서 많은 시간을 해도 별 도움이 안 되는 것에 시간을 낭비하고 있는 사실을 알고 있다. 당신은 열심히 일하는데 낭비되는 시간이 있다고 말하는 것이 믿기지 않는다고 말한다면, 당신의 시간 낭비에 대해서 객관적으로 진단해 볼 수 있다.

오늘 당신이 회사에서 한 일을 하얀 종이에 하나하나씩 써 보길 바란다. 그리고 당신이 했던 각각의 일들에 얼마나 많은 시간이 투자되었는지도 적어 보자. 그러고 나서 당신이 했던 일에 투자된 시간을 전부 더해 보길 바란다. 과연 얼마만큼의 시간의 합이 도출되었는지 스스로도 놀라게 될 것이다. 시간의 합이 문제가 아니라 실제로는 당신이 했던 오늘 일들이 몇 가지가 안 된다는 것에 더욱 놀라게 될 것이다(하얀 종이의 여백이 더 많다는 것을 보게 될 것이다).

스스로의 진단을 통해서 이제 우리는 하루라는 시간에서도 빈 공간이 많다는 것을 알 수 있게 되었다. 그 빈 공간만 제대로 활용해도 자기 투자의 시간을 어느 정도 확보할 수 있지만, 조금 더 자기 계발에 몰입할 수 있는 시간을 갖고자 하는 사람들은 출퇴근 시간에 대한 통념을 다시 생각해 볼 필요가 있다.

직장인들이 자기 시간을 만들 수 있는 가장 쉽고 간단한 방법은 누구보다도 일찍 회사에 출근하고 누구보다도 늦게 퇴근하는 것이다.

매일 야근에다가 거의 끊이지 않는 회식 자리 때문에 심신이 피곤해서 거의 미칠 지경인데, 그런 와중에 일찍 회사에 출근하고 늦게 퇴근하라니 회사원을 무슨 강철 인간으로 보는 것이 아니냐고 말하겠지만, 회사에서 성공은 쉽게 얻어지는 것이 아니다. 회사에서 성공하기 위해서는 때로는 강철 인간이 되어야 한다.

회사의 출근시간보다 1시간 일찍 출근하게 되면 아침에 자기 계발에 투자할 수 있는 1시간을 만들 수 있고, 정시 퇴근보다 1시간 늦게 퇴근하면 또 1시간 만들 수 있게 되어 매일 2시간씩을 자기 계발에 투자할 수 있게 된다. 매일 하루에 2시간을 자기 계발에 투자하는 것이 쉽게 보일 수 있지만 실천해 보면 결코 쉬운 일이 아니다. 그렇기 때문에 매일 꾸준하게 자기 계발을 하는 직원이 나중에 최후의 승자가 되는 것은 노력하는 만큼의 결과이다.

게으른 사람들이 하는 핑계에는 시간에 대한 것만 있는 것이 아니다. 게으른 사람들은 항상 자신이 아닌 다른 무언가에서 핑계 거리를 찾는다. 자기 계발을 하는 데 있어서 환경이 중요하다는 말을 하는 것도 좋은 핑계 거리일 뿐이다. 특히 회사에서는 자기 계발을 할 수 있는 환경이 안 된다고 이야기를 자주 한다. 그렇지만 이것저것 따지고 보더라도 직장인에게 회사만큼 자기 계발을 하는 데 있어 좋은 환경을 제공하는 곳도 드물다.

그러니 이제는 회사에서 자기 계발을 하는데 직장 상사, 동료들의 눈치가 보여서 어렵고 불편한 환경이라는 이야기를 하지 말자. 자기 계발을 하는 데 있어 집이나 학원이 심리적으로 편하다고 말하고 싶겠지만, 집이나 학원에서 자기 계발을 하기에는 장애물(바보상자, 인터넷, 친구 등)이 너무나 많다. 또한 학원에서 하는 자기 계발은 단지 앉아서 강의를 듣는 수준이기 때문에 강의를 통해 자기 지식으로 만들기 위해서는 별도의 학습이 필요하다는 사실을 우리는 잘 알고 있다.

당신은 부정할지 모르겠지만, 하루의 8시간 이상을 회사에서 생활하기 때문에 심리적으로 회사보다 편안함을 느끼게 하는 장소도 별로 없는 것이 현실이다. 직장인들이 집에서 자기 계발을 하는 것보다는 회사에서 자기 계발을 하는 것이 상대적으로 집중력이 더 높을 수밖에 없는 이유가 여기에 있다.

그래도 만약 당신이 회사보다는 집이나 학원의 환경이 자기 계발을 하기에는 더 좋은 환경이라고 말한다면 집이나 학원에 가서 자기 계발을 하라고 말할 수밖에 없지만, 집이나 학원에 가기 위해서 길거리에서 소비하는 시간을 한번 정도는 생각해 보라고 말하고 싶다. 지금은 학원에서 배울 수 있는 많은 교육 내용들이 인터넷을 통하여 온라인 학습이 가능하다. 인터넷 교육의 장점은 때와 장소에 상관없이 자기 계발을 할 수 있다는 것이다. 학원에 가기 위해서 길거리에서 소비하는 시간도 자기 학습을 할 수 있는 투자 시간으로 바꿔 사용할 수 있는 것이 온라인 교육의 가장 큰 매력이다.

자기 계발 효과 이외에도 일찍 출근하고 늦게 퇴근하면 부수적으로 얻는 이익도 있다(회사에서 성공하기 위해서는 이 부수적인 이익이 더욱 중요할 수도 있다). 회사에서 누구보다도 가장 일찍 출근하는 직원, 그리고 항상 퇴근 시간 이후 회사에 남아서 무언가를 끊임없이 노력하는 직원이라는 개인적인 명성을 얻을 수 있다. 회사 내에서 성실성만큼은 남들에게 인정받게 된다.

성실성의 중요성에 대해서 과거의 유물로 생각하는 사람도 있지만 회사에 있는 여러분의 경영진들은 성실성이라는 말 대신에 다른 용어를 사용할지는 몰라도 여전히 성실성을 회사 생활의 최고 덕목으로 생각한다. 지금 시대는 성실성보다는 창의력이 더 중요하다는 이야기도, 그 내면에는 창의력이 제대로 발휘되려면 성실성이 바탕 되어야 한다는 논리가 숨어 있다. 창의력은 끈기를 요구하기 때문이다.

출퇴근 시간 조정을 통해서 얻을 수 있는 또 하나의 부수적인 이익은 마음의 여유를 가질 수 있다는 점이다. 아침에 일찍 일어나면 시간에 쫓기듯이 출근하는 것이 아니라 출근시간 자체를 즐기는 여유를 가질 수 있게 된다. 시간적인 스트레스가 없기 때문에 출근하면서 주변의 환경을 볼 수 있는 여유가 생긴다. 계절의 변화에 대해서 느낄수 있고, 날씨의 변화에 대해서 준비할 수 있는 자연과 더불어 사는 삶을 가질 수 있게 된다. 대중교통의 많은 사람들로 북적거리는 스트레스는 남의 이야기가 되는 것이다.

5

업무 시간 개인 인터넷 사용을 자제하라

　회사에서 업무 시간에 인터넷을 쓰는 이유가 단지 업무적으로 필요해서라고 말한다면 이 말을 믿는 사람은 거의 없을 것이다. 특히 당신 회사의 상사들은 더욱 이 말을 믿지 않는 사람들이다. 왜냐하면 상사들 스스로가 업무 시간에 개인적인 용도로 인터넷을 쓰고 있는데, 부하 직원들만 인터넷을 업무적으로만 필요해서 쓸 것이라고는 생각 자체를 안 하기 때문이다.

　현실성을 감안해 보면 업무 시간에 개인적인 일로 인해서 인터넷을 쓰는 것은 당연한 일이라고 할 수 있다. 직장인들은 하루에 8시간을 회사 생활을 한다고 하지만, 평일에는 출퇴근 시간 또는 연장근무를 포함하여 생각하면 하루에도 10시간 이상을 회사 생활을 하게 된다. 개인적인 일을 보려면 별도의 시간을 만들어야 하는데 회사 생활을 하면서 별도의 시간을 만들기는 특별한 경우가 아니고서는 어려운 것이 사실이다. 단순히, 배우자 생일을 기념하기 위해서 선물을 사려고 해도 백화점에 갈 시간이 없을 수 있다. 그렇다고 배우자가 시간이 없었다는 이유를 이해하지도 않을 것이다. 이러한 제약 조건은 인터넷 쇼핑을 통해서 해결할 수 있다. 급하면 업무 시간에 인터넷 쇼핑을 할 수도 있는데, 업무 시간에 이런 개인적인 일로 인터넷 쇼핑을 할 때에는 주위 환경과 시간을 고려할 필요가 있다는 것이 중요하다.

본인들도 업무 시간에 인터넷을 쓰면서 부하 직원들이 인터넷을 쓰는 것을 극도로 혐오하는 상사들이 있다(대부분의 상사들은 그렇지 않다고 강조하고 싶다). 당신이 인터넷 쇼핑을 하다가 우연히 이런 성향의 상사들의 눈에 발각된다면 회사에 이상한 소문이 돌기 시작하는 것을 들을 수 있게 된다.

업무 시간에 하라는 일은 안 하고 기껏해야 인터넷 쇼핑만 하는 직원이 회사의 월급을 축내고 있다는 말이 퍼지기 시작한다. 이 소문의 근원지가 당신이라면 당신은 회사에서 차별적 대우를 감수해야 할지도 모른다. 승진에서 누락될 수도 있고, 연봉이 동결되거나 삭감될 수도 있다. 당신은 다른 직원들이 열심히 일하고 있는 동안에 인터넷 쇼핑이나 하는 한가한 직원이기 때문에 회사의 성과에 더 이상 기여하지 못하는 직원으로 낙인찍히게 된다.

이런 문제의 결과가 개인적인 영향만 미치게 되면, 그래도 조금은 나은 편이라고 할 수 있다. 우습게도 개인의 인터넷 사용이 개인의 문제로만 끝나는 것이 아니라 심하게는 당신의 직속 상사에게도 영향을 미친다. 다른 부서의 상사들은 당신이 업무 시간에 개인적으로 인터넷 쇼핑을 사용하는 것을 보고 당신도 문제가 있지만, 당신의 상사에게 더 큰 문제가 있다고 생각한다. 부하 직원을 제대로 관리 못 하는 당신 상사의 리더십에 문제가 있다고 생각하기 때문에 당신 상사의 잘못된 인사관리가 여러 사람의 도마 위에 올라 결국에는 당신 상사의 성공에 큰 차질을 가져오게 된다.

업무 시간의 개인적인 인터넷 사용에 있어서 가장 최악의 사례는 사이버 주식 투자를 하는 경우이다. 사이버 주식 투자를 하게 되면 업무 시간에 업무보다는 개인적으로 보유하고 있는 주식시세에 더욱 신경을 쓰게 된다. 하루 종일 주식시세를 보게 되는데, 어느 상사도 업무 시간에 주식시세를 보고 있는 직원을 좋게 생각할 리 없다. 업무 시간에 딴 생각이 가득한 직원이 성과를 제대로 낼 수 없기 때문인데, 그 결과는 상사의 책임으로 귀결되기 때문이다.

회사에 출근해서 시간만 때우고, 개인적인 사이버 주식 거래나 하는 사람으로 찍히게 되면 회사에 인력 구조조정의 명분을 주게 되는 결과를 초래한다. 회사의 구조조정이 시작되면 바로 당신이 구조조정 1순위가 될 수밖에 없다.

6

회사 비품은 개인 물건이 아니다

당신은 백 원짜리 볼펜의 마술을 알고 있어야 한다. 우리가 우습게 보는 백 원짜리 볼펜에서도 조직의 철학을 배울 수 있다. 백 원짜리 볼펜의 마술에 대한 진실을 제대로 알게 되면 당신은 회사에서 당신의 행동을 변화시킬 수 있게 된다.

당신이 직장인이라면 비용 절감에 대해서는 지겨울 정도로 많은 이야기를 들었을 것이다. 회사가 제대로 돌아가기 위해서는 비용절감이 필요하다는 이야기는 이제 너무나 식상해서 많은 사람들이 비용절감을 하는 흉내만 내고 있을 뿐이다. 비용절감 관련된 아이디어도 더 이상 나올 것이 없다고 생각하는 것이 현실이다.

회사에서 비용절감을 하라고 하면, 이면지 활용 정도 수준의 이야기가 계속 회사 곁에서 순환되고 있을 뿐이다. 아마도 이면지 활용이 모든 회사에서 지향하는 행동 목표가 된 느낌이다.

다른 모든 직원이 비용절감에 대해서 형식적인 것으로 생각을 하더라도 당신은 그 고정관념을 깨야 한다. 비용절감이라는 개념을 사소한 비품을 아끼는 행동을 포함해서 조금 더 포괄적으로 생각해야 당신이 회사에 기여할 수 있는 기회가 생기는 것이다.

비용절감은 업무에서의 시간적 비용까지도 개선의 필요성을 강조하고 있는 개념으로 확대 해석해야 한다. 회사에서 비용이라는 개념은 단지 볼펜 한 자루 사기 위해서 쓰는 비용만을 의미하는 것이 아니다. 조직의 생산성은 비품에 대한 생산성 개념이 아니라 바로 당신이 시간 내에 창출할 수 있는 생산성을 의미한다. 당신이 업무 시간에 업무에 얼마나 집중하고, 몰입하는지가 회사의 생산성을 말하는 척도가 된다.

당연히 회사의 비용 항목 중에 가장 큰 비중을 차지하는 것은 당신의 업무 시간 태도이기 때문에 어떻게 하면 업무 시간에 업무에 집중할 것인가를 고민하는 것이 비용절감에 있어 가장 큰 숙제가 되는 것이다.

당신은 비용절감에 대해서 생각의 폭을 넓혀야 하고, 그 폭넓은 생각으로 회사에서 비용절감을 할 수 있는 것들을 찾아야 한다. 그러면서 사소한 것에서도 비용절감을 할 수 있다는 생각도 같이 해야 한다.

회사의 경영자가 마치 잔소리처럼 비품을 아끼라고 이야기한다면 당연히 당신은 회사의 직원이기 때문에 사소한 부분에서도 비용절감을 할 수 있는 것들을 찾아야 한다.

백 원짜리 볼펜의 마술은 사소한 비용절감 기회에서 시작된다. 만약 당신이 다른 직원들은 값비싸고 품위 있어 보이는 볼펜을 쓰고 있는데 볼품없어 보이는 백 원짜리 볼펜을 쓰고 있다고 생각해 보자. 백 원짜리 볼펜을 쓰고 있는 당신을 회사의 다른 직원들은 그 볼펜의 가치 정도만큼만 당신의 가치를 인정할 수도 있다(볼펜의 가치가 사람의 가치를 좌우하는 아이러니라고 할 수 있다). 회사의 모든 직원들이 그렇게 생각할 수도 있지만 당신 회사의 경영자는 다른 직원들과 생각이 다를 것이다.

다른 직원들은 비용절감이라고 말로만 떠드는 데 반해 당신은 비용절감을 실제로 몸으로 보여 주는 직원이기 때문에 당신에 대한 가치를 다른 직원들이 생각하는 것 이상으로, 아니 다른 직원보다 더 높은 가치가 있는 직원으로 생각하게 될 것이다. 회사의 비품을 주인의식을 가지고 사용하는 직원을 높게 평가하는 것은 경영자가 해야 될 역할이기 때문에 경영자는 그 역할에 충실할 뿐이다.

사회적으로 만연되어 있는 잘못된 인식이 회사 생활에도 반영되기 때문에 회사 생활에서는 원칙과 절제와 도덕성이 필요한 것이다. 값비싼 명품이 개인의 가치를 지배한다는 풍조로 인해 회사는 많은 부분에서 비용절감의 기회를 잃고 있는 것이다.

고급 승용차를 자기의 사회적 가치를 결정하는 것처럼 생각하는 직원들은 값비싼 명품 볼펜을 사용하는 것이 자기의 회사 생활에서의 가치를 결정하는 것처럼 생각하고 행동한다.

그러나 현실은 백 원짜리 볼펜을 사용하는 것이 자신의 가치를 낮게 만드는 것이 아니라 값비싼 볼펜을 사용하는 것이 자신의 가치를 결정한다는 그런 사고방식이 자신의 가치를 낮게 만드는 것이다.

7

회의 시간, 눈빛을 반짝여라

회사는 하루에도 수많은 회의가 진행되는 장소이다. 얼마나 많은 회의가 있는지 어떤 직원은 회의 때문에 일을 제대로 할 수 없다고 하소연하기도 한다. 그래서 회사마다 회의 문화가 중요하다고 이야기하는 것이다. 회의를 하는 것은 좋은데 회의를 통해서 얻고자 했던 목적이 있다면, 분명히 그 목적을 달성하는 것이 회의의 진정한 가치라고 말하는 것이다.

회의의 주제가 모호해서 무슨 회의인지도 모르고 회의에 참석하거나, 회의를 진행하면서 같은 이야기를 반복적으로 해서 괜히 시간만 잡아먹고 결과가 없는 회의를 하거나, 관련 업무를 하는 직원들만 참석하면 되는데도 관련도 없는 직원들이 참가하게 되거나, 회의 내용에 대한 사전 숙지 없이 회의에 참가해서 불만과 비평만 늘어놓거나 하는 회의 때문에 회의에 대해서 직원들이 불만을 갖는 것이다.

그러면 회사에서 회의를 없애면 모든 문제가 해결될 수 있다고 생각할 수도 있지만, 현실적으로 불가능한 문제 해결 방안이다. 사람들이 모인 조직체에서 서로 다른 의견을 조율하고, 정보를 공유하고, 함께 소통할 수 있는 기회를 만드는 것은 서로 얼굴을 맞대고 대화를 할 수 있는 회의라는 장을 통해서 가능하다. 그러기 때문에 회사는 회의를 목적에 맞게 시간적 적정성을 가지고 운영함으로써 회의의 가치를 만들어 가야 한다.

회사가 회의의 가치를 만들어 가는 과정에서 개인인 당신도 동참해야 한다. 개인이 회의 가치를 만들어 가는 과정에 동참한다는 것은 당신이 회의 때마다 회의 내용에 집중해야 한다는 것을 의미한다.

당신은 회의 시간 때마다 회의에 집중한다고 주장할 수 있다. 당연히 회의 때마다 회의에 집중해야 한다. 그런데 당신만 집중한다고 해서 회의의 가치가 높아지는 것은 아니다. 회의를 하는 동안에 당신 주변을 한번 살펴보자. 회의 내내 조는 직원이 있기도 하고, 쓸데없는 낙서를 하는 직원이 있기도 하고, 잡담을 하는 직원이 있는가 하면, 회의 내내 딴 생각을 하는 직원도 있다. 이런 회의 태도를 당신이라고 해서 완벽하게 벗어날 수는 없다.

당신이 회의 시간에 졸거나 딴짓을 하고 있을 때 잠시 한번쯤은 주변을 둘러보자. 당신이 졸거나 딴짓을 하고 있으면 어김없이 따가운 시선을 느낄 수가 있을 것이다. 그때 잠시 시선을 들어 주변을 본다면 당신은 당신의 상사와 시선이 마주치는 경험을 하게 될 것이다. 당신이 회의 시간에 졸거나 딴짓을 하고 있는 동안 당신의 상사는 당신의 그런 행동을 계속 주시하고 있는 것이다.

회의 내용에 집중하지 못하고 딴 생각을 하는 당신에게는 또 다른 위험이 있을 수 있다. 생각이라는 것은 눈에 보이지가 않기 때문에 당신이 회의 시간에 다른 생각을 하더라도 행동이 노출되거나 누군가가 당신이 다른 생각을 하고 있다고 생각하지 않는다. 그래서 당신은 전혀 위험이 없다는 생각으로 회의 시간에 자기만의 상상의 나래를 펴는 경우가 있을 것이다. 그런데 만약 회의 도중에 상사가 당신의 의견을 묻는 경우가 생기면 당신이 어떻게 대처하는지 궁금하다. 다른 생각을 마음껏 즐기고 있던 당신은 아마도 갑작스런 상사의 질문에 답변을 하지 못할 뿐 아니라 당황하게 될 것이다. 바로 여기서 당신의 위험이 노출되는 것이다. 당황한 당신의 모습은 다른 회의 참석자들에게 회의 시간에 딴 생각을 했다고 이야기하는 것이기 때문이다.

당신의 상사는 겉으로는 내색하지 않지만 바로 그 태도로 인하여 당신을 더 이상 신뢰 못 하는 직원으로 못을 박게 되는 것이다. 회의에 집중하지 못하고 다른 생각을 하면 할수록 당신은 스스로 위험에 노출되는 결과를 초래하게 된다. 어떤 유형의 위험에 노출되어도 당신은 스스로 회의에 집중하지 못하는 능력이 떨어지는 사람으로 추락하게 된다.

　당신이 회의에 집중했다면, 회의 도중에 당신의 의견에 대해서 당당히 말할 수 있고, 회의가 끝난 후에도 언제라도 회의 안건과 관련해서 당당히 상황에 맞설 수가 있게 된다.

　당신의 능력을 증명할 수 있는 기회를 가장 효과적으로 사용할 수 있게 됨으로써 당신은 능력 있는 직원이 되는 것이다.

8

사무실 환경을 업무와 연결하라

당신은 사무실 환경이 경쟁우위가 될 수 있다는 이야기를 들어본 적이 있는지 모르겠다. 사무실 환경은 직원들의 복리후생 차원을 넘어서는 분야다. 깨끗하고 조용한 사무실 환경은 단순히 직원들이 일할 맛 나는 복리후생 차원의 한 요소가 아니라 실질적으로 회사의 성과를 높일 수 있는 경영의 한 요소가 되는 것이다.

직장인이라면 사무실 환경을 회사의 성과를 높일 수 있는 장소로 만들어야 하고 유지하는 데 노력해야 한다. 사무실 환경을 저해하는 가장 큰 장애물이 무엇인지를 생각하고 그 장애물을 제거시킬 수 있는 방법을 강구해야 한다.

사무실 환경 요소가 회사의 성과에 영향을 준다고 해서 너무나 거창하게 생각할 필요는 없다. 작지만 우리 주변에는 사무실 환경을 개선할 수 있는 요소가 도처에 있기 때문이다.

사무실 내에서 옆 사람이 있든 없든 간에 큰 소리로 이야기를 하거나, 볼펜 똑딱거리는 소리를 내거나 껌을 씹으면서 소리를 내거나 하는 행동들이 업무를 방해하는 사무실 환경의 장애물이다. 너무나도 일상적으로 벌어지는 일이어서 아무도 장애물을 제거하거나 행동들을 제지하지 않기 때문에 사무실 환경이 어두워지는 것이다.

당신은 사무실을 걸을 때 발소리를 내는 직원에 속하는지 물어보고 싶다. 어떤 직원은 분명히 발소리가 안 나는데, 왜 어떤 직원들은 발소리를 내는지 항상 그 이유가 궁금했다(다른 사람에 대한 배려심이 부족한 것이 아닐까 하는 추측만 할 뿐이다). 사무실 환경을 어둡게 만드는 요소 가운데 가장 사람들의 신경을 거스르는 소음 중 하나는 또각거리는 구두 발소리이다. 회사 사무실에서 구두를 신고 뛰거나 걸으면 또각또각 하는 소리가 메아리를 친다. 소리를 내는 사람은 잘 모르지만 이 소리는 다른 직원들에게 상당히 신경을 자극하는 소리가 된다.

제대로 된 사무실 환경을 만들기 위해서는 회사와 직원 모두가 함께 노력해야 한다. 그 노력의 일환으로서 직원들도 나름대로의 방법으로 업무에 대한 집중도를 높이기 위해서 스케줄을 관리하고, 다른 직원의 업무 집중도를 방해하지 않기 위해서 서로를 존중하는 태도를 가지고 회사 생활을 하는 것이다.

회사는 회사 나름대로, 직원은 직원 나름대로 방법을 찾아서 제대로 된 사무실 환경을 유지하고 직원들의 업무 몰입도를 높이기 위해서 노력해야 하기 때문에 다른 직원들을 괴롭히는 구두 발소리로 직원들의 업무 몰입도를 떨어뜨리는 몰상식적인 행동은 하지 말아야 한다.

사무실에서의 구두 발소리는 다른 직원들의 업무 집중도를 떨어뜨리는 결과도 가져오지만, 스스로가 회사 예절이 없는 사람이라고 말하고 다니는 것과 같다. 당연히 상사의 눈에도 이런 사람들은 회사 예절이라고는 전혀 없는 이기적인 사람으로 비춰질 수밖에 없다.

사무실 예절에서 지켜야 하는 원칙 중에 한 가지를 더 짚고 넘어가야겠다. 정말 중요한 일이 아니면 사무실 내에서는 뛰지 말라는 것이다. 다시 말하지만 사무실은 업무 집중도가 중요한 공간이다. 바쁘다고 뛰어다니면 본인은 전혀 의식하지 못하지만, 사무실에서 근무하는 다른 직원들은 상당히 신경이 쓰일 수밖에 없다. 사무실에서 뛰어다니는 직원 때문에 다른 직원들은 회사에 무슨 큰일이 난 것으로 오해할 수도 있다. 그리고 사무실 공간을 먼지로 가득 채우는 결과를 가져오기 때문에 업무 집중도를 떨어뜨리는 행위가 되는 것이다.

여러 가지 이유로 사무실의 업무 집중도를 떨어뜨리는 행위는 회사의 비용 증가로 이어질 수밖에 없다. 사무실 내 근무자가 백 명이라면 백 명의 직원들의 업무 집중도가 떨어질 때 발생하는 비용이 얼마나 되는지 계산해 보자.

단순하게 계산하여, 일인당 평균 연봉을 삼천만 원으로 가정하면 일인당 하루 급여는 팔만 이천 원이다. 시간당 급여는 만 원으로 볼 수 있는데, 하루에 한 시간씩, 백 명이 소음으로 인하여 업무 집중도가 떨어지면 하루에 백만 원의 비용이 발생하게 된다.

백만 원이 절대 금액으로는 작게 느껴질 수 있지만 한 달이면 3천만 원이고, 일 년이면 3억 6천만 원이다. 업무 집중도가 떨어져서 판매 등 성과가 떨어지는 기회비용까지 계산해 보면 정말 크고 끔직한 숫자가 된다. 회사의 경영자가 좋아할 수 없는 비용이 발생되는 것이다.

9

보고서는 보는 사람 관점에서 작성하라

보고서 작성은 회사 생활에서 빠질 수 없는 업무 행위이다. 보수적인 회사에서는 아무리 사소한 일이라도 보고서를 작성해야 하는 경우가 있을 정도로 회사 생활에서 보고서 작성은 일상적인 행위이다.

보고서를 작성하는 행위가 일상적이기 때문에 제대로 된 보고서를 작성하는 능력이 당신에게는 경쟁력이 될 수 있다. 보고서를 이해하기 쉽고 보기 쉽게 쓰는 것도 능력이다. 잘 만들어진 보고서는 당신의 능력을 측정하는 척도가 된다.

그럼에도 불구하고 우리는 보고서를 너무나 쉽게 생각하는 경향이 있는 것 같다. 보고서를 쓰라고 하니까 쓰는 것처럼 수동적인 자세로 결과물만을 만들어 내는 행위는 개인적으로 발전이 없을 뿐만 아니라 당신을 능력 없는 직원으로 만들 수도 있다.

보고서는 보고서 작성 방식에 따라 두 가지로 구분할 수 있다.

첫 번째 보고서는 작성자 위주로 보고서를 쓰는 것이다. 이 보고서의 특징은 보고서 내용이 함축되어 있기 때문에 작성자는 보고서의 의미를 알아도 보고서를 보는 사람들은 그 의미에 대해 모호성을 느끼게 된다. 보고서를 작성하는 사람이 본인은 다 아는 내용이라서 내용을 되도록이면 축약해서 작성한다. 작성자만 아는 내용의 보고서는 사실상 의미가 없는 보고서라고 할 수 있다. 이런 보고서 특징은 보고서의 내용보다는 형식을 중요하게 생각하기 때문에 색상이 화려하고 보고서의 글씨체도 다양하고 글자 크기도 매우 다양하다는 것이다.

두 번째 보고서는 보고받는 사람 위주로 작성된 보고서이다. 보고서는 말 그대로 해당 주제에 대한 조사 내용 및 결론을 보고하는 것이다. 보고서는 보고받는 사람이 충분히 이해되어 의사 결정을 하는 데 도움을 주는 내용이어야 한다. 그러기 때문에 보고서의 이야기 전개나 내용은 보고받는 사람이 알고 싶어 하는 내용을 기준으로 작성되어야 하는데, 이 유형의 보고서가 목적에 정확히 부합한다고 할 수 있다. 이러한 보고서의 특징은 간단명료하고 글씨체도 통일되어 있어 일관성을 보여 준다. 또한 보고 내용도 주제에 맞게 일관성을 가지고 서론에서 결론까지를 이끌어 간다.

당신의 상사들이 보고 싶어 하는 보고서는 바로 보고받는 사람

위주로 작성된 보고서이다.

당신은 회사 생활을 하면서 매일 사소한 것에서부터 중요한 내용까지 어떠한 것이라도 보고라는 명분으로 서류를 작성할 것이다. 이제부터라도 보고서 작성을 할 때는 나의 입장이 아니라 보고받는 사람의 입장에서 고민하고 작성하는 습관을 들여야 한다.

10

사무실 청결 유지는
업무능력 발휘에 필수이다

작고 사소하지만 올바른 습관이 당신을 성공의 길로 안내할 수 있다. 성공을 위해서는 의식적으로 좋은 습관을 만들 필요가 있는데 올바른 습관이 생활화되면 당신은 시간이 지남에 따라 스스로 발전되고 있는 모습을 보게 될 것이고 결국에는 인생에서 성공하게 될 것이다.

제대로 된 회사인지 아닌지 구분하는 방법 중에 하나는 그 회사가 얼마나 깨끗하게 유지되는지를 보는 것이라고 한다. 회사의 성공 여부를 회사의 청결도를 가지고 판단하는 이유는 깨끗하게 유지되는 회사가 업무에 대한 몰입도가 높을 것이라고 가정하기 때문이고, 실제로도 깨끗하게 유지되는 회사가 성과가 높은 것으로 나타난다. 당신이 주식투자를 한다면 그 회사가 얼마나 청결도를 잘 유지하는지를 보고 그 회사에 대한 투자 결정을 하는 것도 한 방법이 된다.

회사 성공의 잣대가 되기 때문이라도 당신은 당신 회사를 항상 깨끗하게 유지해야 하는 책임을 가지고 있기에 최소한 당신이 일하는 사무실 주변이라도 깨끗하게 유지되도록 노력해야 한다. 이러한 노력이 회사의 강압에 의해서 어쩔 수 없이 시작되었다고 하더라도 그 시작을 계기로 스스로 자율적으로 당신 주변을 정리 정돈하는 습관을 만들어야 한다.

당신은 믿지 않겠지만, 회사는 당신이 회사에서 하는 모든 행동을 주시한다. 당신은 설마라는 생각이 들겠지만, 당신 상사는 당신이 회사에서 하는 모든 행동에 대해서 보고 생각하고 당신의 태도에 대해서 판단한다. 당신에 대한 상사의 태도 평가는 그냥 상사가 가지고 있는 생각으로 머무는 것이 아니라 공식적으로 회사에 제출되고 당신이 회사와 같이 발전할 수 있는 사람인지 아닌지를 결정하게 되는 자료로 활용된다.

그렇다고 회사가 당신의 모든 행동을 주시한다고 해서 겁낼 필요는 없다. 오히려 당신이 떳떳하다면 그리고 주변을 정리하는 좋은 습관을 가지고 있다면 회사가 주시하는 것을 성공의 기회로 활용할 수 있기 때문이다. 당신의 좋은 습관으로 인해 회사에서 좋은 인재가 되는 방법은 사소한 것에서부터 시작할 수 있다.

회사의 복도에 휴지가 떨어져 있는 경우 많은 보통 직원들은 보고도 못 본 척 지나가는 경우가 일반적이다. 당신도 다른 직원처럼 복도에 떨어진 휴지를 보고도 못 본 척 지나갈 수 있지만, 당신은 유능한 직원이기 때문에 떨어진 휴지를 주워서 휴지통에 버릴 수 있는 능력이 있다. 우연히 당신의 상사가 휴지를 줍고 있는 당신을 본다면 당신에게 하라는 일은 안 하고 쓸데없는 일을 한다고 구박하는 일은 없을 것이다. 오히려 회사를 사랑하는 당신을 능력 있고 열정 있는 직원으로 인정하게 될 것이다.

누가 본다고 의식적으로 휴지를 주워서 버리는 행동이 우연한 기회에 성공의 길을 만들어 줄 수도 있지만 중요한 것은 누가 본다고 이러한 행동을 하는 것이 아니라 우리가 착한 일이라고 생각하는 행동을 습관화하는 것이 지속적인 성공의 길을 만들어 줄 수 있다는 것을 아는 것이 중요하다.

사소한 행동이지만, 성공으로 갈 수 있는 행동의 예를 한 가지 더 들어 보면 엘리베이터 예절을 들 수 있겠다. 엘리베이터 안에서 큰 소리로 잡담을 하거나 아이스크림 등 간식을 먹는 행동처럼 예절이 없어 보이는 행동도 없다. 엘리베이터 안에서 잡담을 하거나 간식을 먹는 것도 하나의 일상생활 습관이다. 이러한 것들은 꼭 버려야 하는 습관이다. 이상하게도 엘리베이터 안에서 동료들과 잡담을 하고 있으면 상사가 같이 타는 경우가 많다는 것을 느끼게 될 것이다. 그때 상사는 엘리베이터 안에서 잡담을 하고 있는 당신과 침묵을 지키고 있는 당신의 동료를 비교할 것이다. 그리고 나서 언젠가 그 상사는 동료 상사들에게 당신과 당신 동료에 대해서 이야기할 것이다. 과연 상사가 당신과 당신 동료에 관해서 무슨 이야기를 하겠는가?

당신 동료가 당신보다 승진이 빠르다면 그 이유가 어디에 있는지 스스로 자문해 보아야 한다.

11

전화를 받을 때도
지켜야 하는 예절이 있다

    회사에서 가장 많이 하는 예절 교육 중 하나가 전화와 관련된 예절 교육일 것이다.

    그렇지만 전화 관련 예절 교육에 관한 필요성에 대해서는 그 효용성에 의문을 제기할 사람이 많을 것이다. 전화를 받는 것은 어려서부터 해 왔던 것이고 어려서부터 전화를 사용하는 예절에 대해서는 집에서 그리고 학교에서 교육을 충분히 받아 왔는데 지금 성인이 되어 더군다나 회사에까지 취직해서 별도로 교육을 받아야 하는 것인지 의문이 들 수밖에 없다.

    그런데도 회사에서 전화 예절 교육을 하는 것을 보면 우리가 여전히 전화 예절을 제대로 지키지 않고 있다는 것을 간접적으로 반증하는 것이 된다. 집에서의 전화 예절과 회사에서의 전화 예절이 다르다는 것도 인정해야 한다. 집에서는 단순히 가장 공손하게 전화를 받으면 되지만 회사에서는 공손하게 전화를 받는 것은 당연한 것이고 전화를 받게 되면 먼저 자기 소속부터 밝히는 것이 회사에서의 전화 예절의 시작이다.

회사에서는 전화를 받게 되면 먼저 인사를 하고 나서 당신의 소속팀을 밝히고 당신 이름을 말함으로써 전화를 거는 사람이 제대로 전화했는지를 예절 바르게 알려주는 것부터 시작해야 한다. 중요하지 않은 행동 같지만 이러한 행동이 습관이 안 되면 나중에 습관화하기도 힘들고, 다른 사람도 당신이 예의가 없다고 느끼게 된다.

회사에서의 전화 예절은 집에서 전화를 받듯이 '여보세요'라고 말하는 것이 아니다.

전화 예절은 주변 동료들에게 영향을 주는 행동이기 때문에 더욱 조심할 필요가 있다. 업무적으로 전화를 하다 보면 상대방과 갈등이 발생하기도 한다. 그 상대방이 성격이 괄괄하다 보면 전화를 하면서 욕할 수도 있는데, 욕을 들었다고 해서 그 당시의 감정을 그대로 상대방에게 전달하는 것은 회사에 피해가 될 수도 있다. 집에서 받는 전화라면 맞받아서 욕이라도 할 수 있지만 그러한 경우는 집에서 하는 개인적인 전화인 경우로 한정되는 것이고, 회사에서는 당신이 화가 나더라도 절대로 같이 소리를 지르고 욕을 해서는 안 된다. 회사에서의 전화는 개인적인 전화가 아니라 회사를 대표하는 공적인 전화이기 때문이다.

회사에서 전화 예절은 이렇게 개인적인 전화 예절과는 다르기 때문에 별도의 교육이 필요한 것이다. 전화 예절 교육을 통해서 또는 스스로 노력해서 회사에서의 전화 예절을 몸에 익히면 제대로 익힌 전화 예절을 통해서 당신은 회사의 성과에 기여할 수 있는 기회를 가질 수도 있다.

전화를 받은 상대방이 중요한 거래처라고 가정해 보자. 당신이 우연히 중요한 거래처 전화를 받았는데 올바른 전화 예절과는 전혀 상관없는 예의 없는 행동으로 전화 응대를 했다고 가정해 보자. 바로 당신의 그 예의 없는 전화 예절 때문에 회사의 중요한 거래가 무산될 수도 있다. 전화를 건 사람이 기분 나빠지는 것은 당연한 것이다. 만약 그 사람이 중요한 직위에 있다면 그 사람은 자신이 가진 권한으로 당신 회사와의 거래를 끊을 수도 있다. 당신은 사소한 당신의 좋지 못한 전화 예절로 회사에 막대한 손실을 일으킨 사람이 되는 것이다 (아마도 당신은 회사 생활을 오래하지 못할 것이다).

반대로 당신이 예의 바르게 전화를 받아서 꼭 그 이유 때문만은 아니겠지만, 거래처와의 거래가 성사된다면 결과적으로 당신은 회사의 성과에 기여하는 사람이 되는 것이다. 게다가 그 거래처가 지속적으로 당신 회사와 거래하려고 하고 그 거래처 직원이 당신을 상사에게 전화를 예의 바르게 받는 사람이라고 칭찬이라도 하게 되면 당신은 회사의 영웅이 될 수도 있는 것이다. 상상만이라도 가슴 뿌듯하고 즐거운 일이 아닐 수 없다. 단순히 전화 예절을 잘 지켰을 뿐인데 회사의 성과에 기여한다면 작은 비용으로 정말 큰 효과가 있게 되는 결과가 되는 것이다.

전화 예절은 사소하게 무심코 지나쳐서는 안 되는 행동이다. 당신이 전화 예절을 지키는 것은 당신 회사의 브랜드 가치를 높이는 원인이 될 수도 있기 때문이다.

12

전화벨이 세 번 이상
울리게 하는 것은 직무유기다

  사무실에서는 수많은 직원들이 전화 통화를 하면서 업무를 한다. 당신도 아마 하루에 수십 통의 전화 통화를 하면서 회사 생활을 하고 있을 것이다.

  지금은 IT 발달로 인해 전화 이외에도 다른 통신 수단(메신저 등)을 통해서 커뮤니케이션을 할 수도 있지만, 그래도 역시 전화 통화만큼 직접적인 만남을 대신하는 수단은 아직까지 없는 것 같다.

  수많은 직장인들이 수많은 전화를 하기 때문에 전화로 인해서 곤란한 일도 발생한다. 회사 생활에서의 업무는 많은 회의, 고객과의 만남, 다른 동료와의 만남 등 자기 자리를 떠나서 이루어지는 업무가 상당히 많은 부분을 차지하게 된다. 그러다 보면 동료가 자리를 비워서 전화를 대신 받는 경우가 생기는데 이때 발생하게 되는 문제 상황은 당신 역시 업무에 바빠서 또는 전화 통화를 하고 있는 상황이어서 전화를 받지 못하는 경우이다.

그러면 아무도 전화를 받지 못하기 때문에 사무실에서는 전화벨 소리가 요동을 치게 된다. 당신은 회사 생활에서 이런 상황에 직면하게 되는 경우가 종종 발생할 것인데, 과연 이런 상황에서 당신은 어떻게 대처해야 되는지 고민해 보고 행동에 옮겨야 한다.

당신이 사무실에서 상사와 함께 업무적인 문제로 미팅을 하고 있는데, 이때 마침 전화벨이 울린다고 가정해 보자. 다른 회사 동료들은 자리에 없거나 전화를 받을 수 없는 상황인 경우라면 이때 당신이 취하는 행동이 중요하다. 전화를 받을 것인가 아니면, 그냥 무시하고 계속 상사와 미팅할 것인가 하는 판단의 기로에 서 있을 때 과연 당신이 어떤 판단을 할 것인가가 회사에서의 당신에 대한 인정 여부가 결정되기도 한다.

전화벨이라는 것은 신기하게도 사람들의 신경을 건드려서 계속 울리면 짜증이 나게 된다. 여하튼 전화벨 소리 때문에 짜증이 나게 되면 그 순간만큼은 신경이 예민해져서 업무에 집중하지도 못하고, 괜히 다른 직원들에게 짜증을 내게 된다. 그렇기 때문에 전화벨이 울릴 때 당신은 항상 본인의 전화를 받는 것처럼 다른 직원의 전화까지도 벨이 3번 이상 울리기 전에 받는다는 생각으로 전화를 받아야 한다.

더욱이 당신이 신입사원이라면 이 원칙을 필히 지켜야 한다. 이 원칙을 지키지 못하면 당신의 상사가 당신을 그냥 놔두지는 않을 것 같다는 생각이 불현듯 드는 것은 경험에서 나오는 제언이다.

전화벨이 3번 울리기 전에 아무리 많은 전화가 와도 전화를 바로 받는 당신의 습관은 상사에게는 팀을 위해서 일을 할 수 있는 팀워크가 강한 직원으로 인식될 것이고, 전화벨 소리를 최대한 적게 만듦으로써 다른 직원들의 업무 몰입도를 높여 주기 때문에 잠재적으로는 회사의 이익에 기여하는 사람이 된다.

당장은 아무도 당신의 이런 태도를 알아주는 사람이 없을지라도 시간이 지나면 당신의 태도를 알아주는 사람이 생기게 된다. 전화받는 예절이 성공으로 갈 수 있는 또 다른 방법이 되는 것이다.

회사의 모든 전화를 자기 전화라고 생각하면 별다른 노력 없이도 전화벨이 3번 이상 울리기 전에 자연스럽게 다른 사람의 전화를 받을 수 있게 된다.

13

지각은 죄악이다

　여러분은 회사 출근시간에 정확하게 맞춰서 출근을 하고 있는 직장인이라고 스스로 생각하고 있는지가 무척 궁금하다.

　회사 출근시간에 정확하게 맞춰서 출근한다는 의미가 여러분의 생각과 다르게 이해되기 때문에 출근시간에 대해서 이야기하는 것인데, 여러분 회사의 출근시간은 업무 규정에 나와 있는 시간이 아니라는 것을 여러분은 알고 있어야 한다.

　회사의 규정상에 나와 있는 출근시간은 출근시간이 아니라 업무 시작 시간이다. 규정에도 출근시간이라는 표현보다는 업무 시작 시간이라는 표현으로 되어 있을 것이다.

　규정에 나와 있는 업무 시작 시간에 맞춰서 제대로 업무를 시작하려면 여러분은 최소한 업무 시작 10분 전까지는 회사에 출근해야 한다. 당연히 업무 시작 전에 회사에 출근해야 규정에 맞게 업무를 시작하기 때문이다. 직장인이라면 반드시 알고 있어야 하고, 지켜야 하는 원칙이다.

그럼에도 불구하고 피치 못할 상황이 발생하면 최소한 업무 시작 시간까지는 회사에 도착해야 한다. 그래야 공식적으로 지각이라는 명에를 쓰지 않기 때문이다.

공식적으로 지각하게 되면 여러 가지 이유로 중요한 당신의 하루를 잃어버리게 된다. 먼저 지각하게 되면 상사의 눈치를 살펴야 하는데, 사람이 다른 사람의 눈치를 살핀다는 자체가 스트레스가 되기 때문에 업무 집중도가 떨어지게 된다. 게다가 상사의 눈치를 보는 것이 지각한 시점에만 한정되어 있으면 좋겠지만, 지각하게 되면 하루 종일 상사의 눈치를 보게 된다. 지각이라는 죄를 지었기 때문에 상사가 그냥 흘러가는 일상 말을 하는데도 혹시나 자기 이야기를 하는 것은 아닌지 불안한 마음에 하루를 보내게 되는 것이다. 그냥 하루 종일 스트레스 속에서 일하기 때문에 업무 집중은 생각지도 못하고 어떻게 하면 이 시간을 모면할 수 있을지 고민에 고민을 하게 된다.

하루가 불안한 당신은 괜히 마음속으로 상사를 욕하게 된다. 상사가 속이 좁아서 내가 눈치를 보는 것이라고 생각하게 되는 것인데, 이런 상황은 지각한 당신이 만든 것이라는 것을 당신은 깨달아야 한다. 상사가 속이 좁아서 직장 생활이 힘들다는 생각을 할 필요가 없다. 원인 제공자는 지각한 당신이기 때문이다.

지각하게 되면, 또 다른 업무 스트레스가 발생한다. 상사의 눈치를 하루 종일 보고 있으면 당연히 일의 능률이 떨어지게 되는데, 일의 능률이 떨어지다 보니 상사가 지시한 업무를 원활히 수행하지 못하는 결과를 가져오게 되고, 그 결과로 인하여 상사에게 왜 일을 제대로 못 하냐고 한 소리 듣게 된다. 게다가 지각한 것이 일을 제대로 못 한 것에 가중 처벌이 되어 한 번 혼날 일을 두 번 혼나는 일이 발생하기도 한다.

지각 때문에 그리고 일을 못한다고 상사로부터 꾸중을 듣게 되면 하루 종일 감정이 좋지 않을 수밖에 없다. 감정이 좋지 않은 것이 오래 지속되면 결국 스트레스의 원인이 된다. 당신 건강에 이상이 생길 수도 있다.

당신은 이상하게도 지각하면 하루가 빨리 지나간 것처럼 느껴지게 된다(물론 눈치 때문에 하루가 너무 느리게 지나간 것처럼 느끼는 사람도 있다). 일에 집중해서 하루가 빨리 지나가는 것이 아니라 마음의 여유가 없어서 하루가 빨리 지나가는 것처럼 느껴지는 것이다. 마음의 여유가 없다는 것은 하루를 허송세월한다는 것이다. 업무를 통해서 능력을 배양할 수 있는 소중한 시간을 단지 지각 때문에 소비하게 된 것이다.

다시 말하지만 지각하면 나에게는 발전 없이 무의미하게 지나가는 하루가 되는 것이다. 인생에 있어 소중한 하루가 사라지는 것이다.

14

화장실에는 회사의 스파이가 있다

화장실을 가면 항상 혼자만 있다는 생각이 든다. 주위를 둘러보면 아무도 없다. 혹시 사람이 있다 하더라도 우리 회사 직원은 아니다. 그래서 긴장감이 떨어지게 되는 장소가 바로 화장실이다.

긴장감이 떨어진다고 화장실에서 아무 이야기나 해서는 곤란하다. 다른 사람이 없다고 또는 내가 모르는 사람만 있다고 판단하고서 화장실에서 친한 동료하고 회사 이야기를 주제로 대화하지 않는 것이 좋다. 회사 이야기가 좋은 이야기라면 그래도 상관없지만, 회사에 대한 불만이라든가 상사에 대한 불만이라면 되도록 자제하는 것이 신상에 좋다.

당신은 너무 조심하는 회사 생활 때문에 스트레스를 받는다고 이야기할 수도 있고, 화장실인데 설마 하는 생각이 들 수도 있을 것이다. 그렇지만 화장실에는 아는 사람이 없다고 생각되지만 항상 지켜보는 누군가가 있다. 여기서 지켜보는 것은 눈이 아니라 귀다.

누구나 그런 경험이 있을 것이다. 분명히 화장실에서 친한 동료하고만 이야기한 것으로 기억하고 있는데, 어느 날 상사가 불러서 왜 그런 이야기를 하냐고 물어보았을 것이다. 그런 경우에 당신은 이런 생각을 하게 될 것이다. 분명히 화장실에서 동료하고만 한 이야기를 상사가 어떻게 알고 있을까? 동료가 상사에게 고자질한 것이 아닐까 하고 말이다.

그러나 회사 내에서는 어느 장소에서나 당신의 이야기를 듣지 않는 곳이 없다고 생각해야 한다. 일반적인 사회생활에서도 마찬가지지만 특히 회사 생활에서는 입조심이 최고다. 괜한 말을 했다고 구설수에 오르는 경우가 왕왕 있다.

당신은 의도하지 않았다 하더라도 다른 직원이나 상사들이 오해할 수 있기 때문에 입조심이 중요한 것이다. 실제 회사 생활을 하다 보면, 당신이 동료와 이야기하는 장소를 우연히 상사가 지나가다가 당신이 하는 이야기를 들을 수도 있고 화장실에서의 낯선 사람이 거래처 사람인데, 그 거래처 사람이 상사와 아는 사이어서 본인이 들은 이야기를 당신의 상사에게 이야기할 수도 있다. 심지어는 화장실에서 청소하는 분이 우리 회사의 총무팀에 가서 이야기할 수도 있다. 우리 회사의 청소하시는 분들은 총무팀 소속 직원이라는 것은 잊어서는 안 된다.

　화장실에서 당신의 동료와 할 수 있는 이야기는 그리 썩 유쾌한 주제가 아닐 것이다. 화장실이라는 밀폐된 공간에서 하는 이야기가 건설적인 주제일 리가 없기 때문이다. 그렇기 때문에 되도록이면 아니, 절대로 회사 내에서는 그런 유쾌하지 못한 주제와 관련해서는 동료들과 이야기를 안 하는 것이 좋다(유쾌하지 못한 이야기를 회사 밖에서 해도 좋다는 의미가 아니다).

15

회식 자리,
당신의 능력을 발휘하라

한국 사회의 기반은 농경문화이다. 농경문화의 막걸리 문화는 다 같이 서로 즐기는 문화라고 할 수 있다. 산업 시대를 거쳐 지금은 서비스 기반의 사회라고 하지만, 한 국가의 전통이라는 것은 무시할 수 없다. 더욱이 한국의 대다수 남자들은 군대 생활 경험이 있는데 이는 명령에 무조건 복종하고 필요하면 회식 자리에서는 최소한 못 마시는 술도 마시는 흉내를 낼 수밖에 없었던 개인적인 역사를 가지고 있다.

사회적 문화이건 아니면 개인적인 경험이건 한국 사회에서의 회식 문화가 다 같이 참석하는 문화라는 것은 다 알고 있는 사실이다. 회식 문화가 참석의 문화라고 해서 회식 자리에 가서 무조건 술을 마시라고 이야기하는 것은 아니다. 참가의 문화와 술을 마시는 것은 다르기 때문이다.

전통적인 역사도 시대적 환경이 변함에 따라 변하게 마련이다. 이제 회식 문화는 참가의 문화이지, 술을 강권하는 문화는 아니다. 최근에는 회식 자리에서 술을 마시라고 강권하는 상사의 비율이 줄어들고 있다. 특히 여성의 사회적 권리가 커지고 있는 상황에서 여직원에게 술을 강하게 권하는 사람은 아마도 돈이 무지 많거나 무식한 사람의 행동이라고밖에 볼 수 없다(아마도 성희롱이라는 지적을 받게 될 것이다). 그러기 때문에 지금은 회식에 가더라도 술을 적당히 마시는 흉내만 내도 수용되는 분위기이다.

회식 자리가 과거와는 달리 참석의 문화로 바뀌었고 술을 못 마시는 직원들도 이제는 술에 대한 부담이 덜 하기 때문에 부서 회식이 있으면 필히 참석하여 회식 분위기를 깨지 말라고 부탁하고 싶다. 오히려 당신이 주도하여 즐거운 분위기를 조성하는 것이 필요하다.

직장인들이 술을 마시는 것은 대다수가 스트레스를 풀기 위해서일 것이다. 이런 자리에서는 혼자 백조처럼 놀지 말고 술자리 분위기를 즐기고 어울릴 필요가 있다. 더욱이 당신이 신입사원이라면, 회식 분위기를 즐겁게 주도할 필요와 의무가 있다. 당신이 회식 자리에서 평상시와는 다르게 조금은 오버되는 행동을 하더라도 이러한 행동을 싫어할 상사는 아무도 없다. 오히려 분위기를 즐겁게 만드는 당신에게 호감을 갖게 된다.

사실, 하기 싫은 일을 억지로 하면 아무리 겉으로는 웃고 있어도 즐겁게 일을 할 수가 없다. 회식 자리로 마찬가지이다. 그래서 회식 자리는 스스로 즐길 필요가 있다. 스스로 회식 자리를 즐기게 되면 스스로도 즐겁지만 회식 분위기 자체가 즐거워진다.

회식 분위기를 즐겁게 이끈다는 것은 회사 내에서도 분위기를 즐겁게 이끌 수 있는 직원이 될 수 있다는 가능성을 보여 주는 것이다. 그러한 당신의 행동은 당신을 회사에서 일단 능력 있는 인재로 볼 수 있는 기회를 만들 수 있다. 지금까지의 회식 자리가 나이 많은 사람 우선으로 암울한 분위기가 주도적이었다면 당신이 회식 문화를 즐겁고 재미있게 만들었다는 자체만으로 당신의 끼가 회사에 활력이 된다.

당신은 회식 자리를 통하여 얻을 수 있는 혜택이 또 있다. 회사에서의 회식이 자기 부서에서의 회식 자리만 있는 것은 아니다. 다른 부서와 공식적·비공식적으로 어울릴 수 있는 자리가 회사 곳곳에 있다. 그래서 당신은 회사에서 마치 하이에나처럼 필요하다면 다른 부서의 회사 일정을 파악하고 다른 부서 직원들이 회식 자리에 초청을 하든 안 하든 참가해서 다른 부서 직원들과 사귈 수 있는 기회를 스스로 만들어야 한다. 회사 생활에서 다른 부서 사람들을 많이 아는 것이 업무에 얼마나 큰 도움이 되는지는 회사 생활을 해 본 사람이라면 실감할 수밖에 없는 것 중에 하나이다.

'나'라는 존재에 대해서도 알릴 수 있는 기회가 되고 향후 업무를 하면서도 끈끈해진 인간관계를 통하여 업무 협조를 받기가 상대적으로 쉬워지기 때문에 이러한 인간관계를 통해서 당신은 유능한 인재라고 회사에서 소문이 날 수 있다.

16

상사와 의견이 다르면
둘만의 공간을 찾아라

 회사에는 많은 사람이 있고 그 많은 사람들은 각자의 개성을 가지고 있다. 그러다 보니 서로 간 갈등이 발생할 수도 있고 갈등이 생기면 그 갈등을 풀어 가는 방법도 다 다를 수밖에 없다. 그런데 우리는 회사 생활을 하기 때문에 사람 간의 갈등에 있어서 특히 상사와의 갈등은 조심스럽게 접근할 필요가 있다(왜냐고?, 계속 회사 생활을 같이해야 하는 당신 상사하고 갈등이기 때문이다).

 회사 생활에서 당신은 당신 선배 중에 상사와의 갈등이 있는 경우, 아주 공개적으로 다른 직원들이 다 알 수 있도록 대놓고 갈등 관계를 폭발시키는 사람을 본 적이 있을 것이다. 그런 결과를 가져온 그 선배가 회사에서 어떤 대우를 받는지도 보았을 것이다. 그 선배가 회사에 필요한 인재라는 이야기는 들어 본 적도 없을 것이고, 회사에서 차별적인 대우를 받던 선배는 항상 불만이 있었을 것이고, 결국에는 회사를 나가게 되었을 것이다.

상사하고 의견 차이가 있다고 해서 회사 내에서 공개적으로 그것도 큰 소리로 떠드는 직원들은, 나는 이 회사를 나가겠다고 공공연하게 떠드는 사람이다. 당신이 상사하고 갈등 구조가 생겨서 공개적으로 큰 소리로 떠들게 되면 그 순간에 당신 회사의 모든 임직원들은 당신의 이런 행동을 지켜본다. 실제로 문제의 잘못이 상사에게 있다하더라도 회사의 모든 임직원들은 그렇게 생각하지 않게 된다.

오히려 많은 사람들은 당신의 태도를 문제 삼을 것이고 당신의 사람됨을 의심하게 된다. 더군다나 당신의 인사권을 가지고 있는 담당 임원이 이런 생각을 가지고 있다면 당신은 회사에서 더 이상 발전할 수도 없고 더 이상 회사를 다닐 이유도 사라지게 된다.

이런 상황을 이유로 당신이 다른 회사로 이직한다고 해도, 이러한 당신의 성향은 바뀌지 않을 것이다. 결국에 가서는 새로 취직한 회사에서도 똑같은 문제를 일으킬 것이고 다시 이직을 고민하거나 창업을 고민하게 될 것이다. 요즘은 경력사원을 채용하는 회사마다 해당 직원의 과거 경력에 대해서 별도로 조사하는 경우가 많다. 당신이 이직을 결심한다 해도 당신의 이러한 과거 때문에 다른 회사에 취직하는 것이 불가능해질 수도 있다.

운이 좋아서 계속 직장 생활을 할 수 있게 되고, 또한 당신이 진급하였다고 가정해 보자. 당신이 선배 사원이고 후배 사원과 사소한 문제로 갈등 구조를 만들었다고 생각해 보자. 그 갈등 구조에서 당신의 후배 사원이 당신을 존경하고 의견 충돌을 조심스럽게 해결할 수 있는 방법을 찾을 것이라고 생각한다면 당신은 아직도 선배 사원이라기보다는 과거의 후배 사원이었을 때의 사고방식을 가진 사람인 것이다. 당신의 후배 사원은 당신의 과거 행동을 보고 그대로 따라 할 확률이 높다.

당신과 의견 충돌로 인하여 문제가 발생하게 되면 그 후배 사원은 당신이 과거에 했던 것처럼 당신과 똑같이 공개적으로 큰 소리로 당신에게 대들려고 할 것이다. 당신이 필지해야 할 것은 이런 상황을 만든 사람이 바로 당신이라는 것이다.

당신은 이런 상황을 생각만 해 봐도 몸서리가 쳐질 것이다. 그러니 회사 내에서는 상사하고 갈등이 생기면 원만하게 해결할 수 있는 방법을 찾아야 한다. 방법이 없다면, 그 갈등 구조를 가지고 회사 내에서 상사하고 이야기할 것이 아니라 조용히 회사 밖으로 나가서 아무도 안 보는 장소에서 상사와 그 갈등 구조에 대해서 서로 이야기하고 함께 갈등을 풀어 가도록 해야 한다. 최소한 회사 밖에서 조용히 이야기하고 문제를 풀어 간다면 상사와의 갈등 구조에 대한 흔적이 남지 않게 될 것이다. 다른 동료 직원들이 당신이 당신 상사와 갈등이 심하게 있었다는 것을 알지 못하게 될 것이다.

상사가 본인과 갈등 구조에 있던 후배 사원하고 같이 일하고 싶지 않은 것은 당연하다. 그러니 가능하면 아예 상사와 갈등을 만들겠다는 생각을 아예 머릿속에서 지워 버리는 것이 좋다.

17

회사 직원하고는
절대로 상사를 안주 삼지 마라

회사 생활을 하다 보면 스트레스를 받는 것은 당연하다. 회사 생활에서 어느 정도의 스트레스는 삶에 있어서도 긴장감을 갖게 하는 활력소가 될 수 있다. 물론, 건전한 스트레스는 삶의 활력소가 될 수 있지만 과도한 스트레스는 문제를 일으키게 된다.

직장인이라면 그 과도한 스트레스를 해소하는 한 가지 이상의 방법 정도는 다 갖고 있는데 가장 흔한 방법 중에 하나가 술을 마시는 것이다. 술을 마시면 마시는 동안에 신나게 상사를 안주 삼아 실컷 욕도 할 수 있기 때문에 스트레스를 푸는 방법으로는 직장인들이 가장 선호하는 방법이다(당신은 예외일 수 있다. 너무 민감하게 생각할 필요는 없다).

그런데 문제는 바로 여기서 발생한다. 직장인들은 대부분 직장 동료들과 함께 술을 마시면서 스트레스를 푸는데 그 직장 동료가 어떤 면에서는 회사 내에서 경쟁자가 되기 때문이다. 그래서 당신은 회사 동료들하고는 술자리에서 상사를 안주 삼아 이야기해서는 절대 안 된다. 당신이 술자리에서 당신의 회사 동료에게 상사를 욕하는 바로 그 순간에 당신은 상대방에게 약점을 잡혔다고 생각하면 된다.

그 회사 동료는 자신이 불리한 경우 바로 당신의 약점을 이용하려고 할 것이다. 특히 해당 동료가 당신과 회사에서 경쟁자 관계라면 술자리에서 입조심은 더욱더 지켜야 하는 원칙이다.

사회생활을 정글의 약육강식 세계와 비교하곤 한다. 왜 사회생활을 정글의 약육강식 세계와 비교하는지 당신은 알아야 한다. 사회생활을 하면서 만나는 당신의 친구, 동료들은 어떤 측면에서는 당신의 경쟁자들이다. 당신은 이 점을 잊어서는 안 된다.

물론, 인간적인 측면에서 인간관계를 삭막한 관계로 유지하라고 이야기하는 것은 아니다. 좋은 사람도 있기 때문에 좋은 인간관계를 맺고 유지하는 것도 중요하다. 그러나 피라미드 형태의 조직에서 위로 올라갈 수 있는 자리는 한정되어 있기 때문에 당신이 조직에서 위로 올라갈 마음이 없다면 모르겠지만, 그게 아니라면 당신 동료들과 좋은 관계를 유지하면서도 경쟁자라는 생각을 해야 한다. 경쟁자 앞에서는 당신의 오점을 남길 수 있는 언행을 해서는 안 된다. 절대 경쟁자들에게 약점을 잡혀서는 안 된다.

직장 생활에서 가장 스트레스를 받는 이유 중에 1위가 상사와의 갈등 관계라는 통계 결과를 보면 상사를 안주 삼는 행동이 이해된다. 그러나 술을 마시면 이성보다는 감정이 지배하게 되어 회사 동료들하고 상사의 흉을 보는 것이 자연스러워진다. 대부분의 동료들은 그렇지 않겠지만 이러한 상황을 이용하고자 하는 악의적인 회사 동료들이 항상 존재한다. 당신은 스트레스를 핑계로 술을 마시고(대부분은 술을 너무나 많이 마셔서 기억도 제대로 못 하는 경우가 태반일 것이다) 필름이 끊겨서 기억나지 않겠지만, 당신의 동료는 정확히 당신이 상사를 욕한 사실을 기억하고 필요하다면 이 상황을 이용하려고 할 것이다. 인사평가 시기라든가 승진 시기인 경우에 당신이 상사와 면담을 하는 자리에서 상사가 당신이 자신의 흉을 본 내용을 정확히 아는 것은 이상한 일이 아니다.

게다가 또 하나 주의할 점은 상사의 흉을 보는 행위를 자주 하다 보면 자연스럽게 습관이 된다는 것이다. 습관이라는 것은 자기도 모르게 무의식적인 행동을 유발한다. 무의식적으로 당신의 머리에는 상사의 잘못된 점이 자연스럽게 각인되어 예기치 못한 상황에서 상사의 흉을 보는 경우도 발생한다. 심지어는 상사가 보는 앞에서도 상사의 잘못된 점을 이야기할 수도 있다. 항상 상사의 가슴에 못을 박는 부하 직원이 되는 것이다.

당신이 상사의 지위가 되었을 때 부하 직원이 당신이 보는 앞에서 당신 흉을 본다고 상상해 봐라. 이런 상황이 닥친다면 당신은 부하 직원에게 무엇이라고 이야기할 수 있겠는가?

서로 신뢰할 수 있는 선순환 구조는 상사의 행동에서도 출발하지만, 부하 직원들이 상사를 신뢰하고 특히 회사 내에서 동료들과 상사의 흉을 보지 않는 조심성에서도 출발한다.

18

아름다운 미소는
또 하나의 경쟁력이다

환하게 미소 짓는 친구를 보고 있으면 당신도 스스로 미소를 짓게 될 것이다. 미소는 다른 사람의 마음을 자극하여 스스로 좋은 감정을 갖도록 유발하는 청량제 같은 역할을 한다. 당신도 미소 짓는 사람한테는 싫은 소리를 한 경험이 거의 없을 것이다. 어떻게 미소 짓는 사람한테 싫은 소리를 할 수 있겠는가? 칭찬하면 칭찬했지 싫은 소리는 하지 못하는 것이 미소가 가지는 힘이다.

회사 내에는 환한 미소를 가진 사람과 항상 표정이 어두운 사람이 있다. 환한 미소를 가진 사람이 보통은 일도 잘하는 사람이다. 사람의 걱정은 80%가 발생하지도 않고 확실하지도 않은 것에 대한 걱정이라도 한다.

미소를 가진 사람들의 걱정은 20%가 안 되기 때문에 모든 상황에 긍정적이다. 긍정적인 사람이 부정적인 사람보다 일을 잘하는 것은 본인이 하는 일도 긍정적으로 보고 어떠한 상황에도 해결할 수 있다는 긍정적인 사고를 가지고 있기 때문일 것이다.

반면에 항상 표정이 어두운 사람의 걱정은 80%가 넘는 수준이다. 무슨 일에도 걱정이 앞서기 때문에 항상 걱정을 달고 산다. 당연히 모든 일에 부정적이다. 일에 대해서도 부정적이고 매사에 안 된다는 사고방식을 가지고 있다. 회사에서 업무로 인정받지 못하는 사람들 대부분이 이 부류에 속한다고 생각하면 된다.

그래서 회사 내에서는 아름다운 미소를 가진 사람이 되어야 한다. 항상 얼굴에 미소를 짓고 있으면 당신의 얼굴만 보아도 다른 사람들이 저절로 기분이 좋아지게 된다. 반면에 당신이 항상 얼굴에 걱정이 가득해서 마치 화가 나 있는 것처럼 보인다면 다른 사람들이 당신 얼굴만 보게 되면 괜한 걱정과 근심에 짜증이 나게 된다.

사람은 감정의 동물이라 항상 웃는 얼굴을 하기가 힘든 경우도 있을 것이다. 그래도 다른 직원들이 보는 앞에서는 미소를 잃지 않도록 노력해야 한다. 당신의 미소가 회사의 성과에까지 영향을 줄 수도 있기 때문이다. 기분이 좋은 사람들이 일을 더 열심히 하는 것은 어쩌면 당신이 가지고 있는 아름다운 미소의 영향일 수도 있다.

또한 미소는 당신을 항상 당당한 사람으로 보이게끔 만들어 주는 효과도 있다. 긍정적인 사고는 어떤 일도 할 수 있다는 자신감을 만들어 주기 때문에 일이 어려워도 항상 해결할 수 있다. 매사에 당당하게 보이는 태도는 당신의 능력을 몇 배 더 가치 있게 만들어 준다. 그래서 당신의 미소는 본인 스스로에게도 가치가 있는 것이다.

그러나 아름다운 미소를 가진 것은 분명 좋은 일이지만, 미소를 짓는 것도 장소와 상황에 맞게 표현할 필요가 있다는 것도 생각해야 한다. 분명 미소는 좋은 결과를 가져오지만, 미소가 필요 없는 상황도 회사 내에는 존재한다. 미소가 필요 없는 상황을 굳이 말로 표현 안 해도 다 알겠지만, 간혹 이러한 상황을 모르는 직원들도 존재하는 것 같아 안타깝다.

회사에서의 비즈니스는 어떤 상황에서는 좋지 못한 결과를 만들어 내기도 한다. 그런 결과가 생기면 당연히 회사 분위기가 다운될 것이다. 회사 분위기가 다운되었기 때문에 당신보고 미소를 버리라는 것이 아니라 회사의 좋지 못한 일로 인해 어떤 장소나 상황에서는 웃음이 독이 되는 경우도 발생할 수 있다는 것을 알아야 한다는 것이다. 그 상황에서 마냥 히죽히죽 웃고 있어서는 안 된다(회사에서 분위기 파악 못 하고 그냥 싱글벙글 웃는 직원이 있는데, 이런 직원들하고는 가까이 안 하는 것이 좋을 수 있다). 괜히 웃고 있다가 상사한테 날벼락을 맞을 수도 있다.

그래서 미소도 때와 장소를 가려서 지어야 될 필요가 있다는 것이다(완전히 노파심에서 하는 말이다). 회사 분위기가 어두워서 당신의 미소를 무조건 버리라는 이야기는 아니라고 하는 말의 의미는 상황에 따라서 필요한 경우에는 웃음의 카멜레온이 되라는 것이다. 상가(喪家)에 조문을 가자마자 웃으면 곤란하다는 것은 누구나 다 아는 사실이다. 웃어야 하는 경우가 있고, 아닌 경우가 있다. 판단은 여러분의 몫이기 때문에 제대로 된 판단을 하길 바란다.

웃음의 카멜레온인 당신은 이제 아름다운 미소로 항상 회사의 분위기를 밝게 만들 수 있다. 회사 내에서 웃음의 전도사가 필요한 이유이다.

19

성공한 사람들의 공통 키워드는 유머 감각이다

성공하고자 하는 사람에게 필요충분조건 중 하나는 분명 유머 감각이다. 유머감각을 알려주는 웃음의 전도사가 사회적으로 유명해지는 것은 유머감각의 필요성이 반영된 결과라고 할 수 있다. 그리고 유머와 관련된 책들이 서점에서 쏟아지는 것을 보면 이 시대에 성공하기 위해서는 유머 감각이 필요한 것이 분명하다.

그렇기 때문에 당신은 자신이 유머 감각을 가지고 있는 사람인지, 유머 감각이 없는 사람인지를 생각해 보아야 한다. 성공하고자 한다면 유머 감각이 있어야 한다는 것이 대세인데 당신이 그 대세의 흐름에 편승하여야 함에도 유머 감각이 부족하다면 과연 어떻게 당신의 유머 감각을 키워야 할지를 고민하고 또 고민해야 한다.

실제로 우리는 인생에서 성공한 사람들을 보면 유머 감각이라는 공통된 키워드를 가지고 있는 것을 볼 수 있다(텔레비전에 나오는 유명 인사의 강의를 보면 진지함 속에서도 항상 유머가 있는 것을 알게 된다). 그리고 인생에서 성공한 사람들은 인맥 관계가 다양하고 좋은 관계를 유지하고 있다.

그렇다면 성공한 사람들의 좋은 인맥 관계는 인생에서 성공했기 때문에 그러한 인맥 관계가 만들어졌을까, 아니면 좋은 인맥 형성이 있었기에 인생에서 성공했을까? 당신은 어떤 말이 더 일리가 있다고 생각하는가?

대부분 성공한 사람들은 인맥 관계를 성공의 기본으로 삼았다. 사람을 사귈 때에는 진심을 다해서 사람과의 관계를 만들고자 노력했으며 사람에게 다가가기 위해서는 유머라는 방법을 활용했다. 유머는 특히 나하고 관계가 전혀 없는 사람과 관계 형성을 만들 수 있는 뛰어난 도구이기 때문이다. 사람이 많은 자리에 처음 가는 경우, 여러분은 자신과 안면이 있는 사람이 없기 때문에 다른 사람과 서먹서먹한 관계를 가질 수밖에 없다. 그러나 성공한 사람들은 다른 사람을 알지 못하는 서먹서먹한 관계에서도 그 유머를 통하여 처음 보는 사람들하고도 좋은 관계를 만들어 내는 것을 볼 수 있다.

결국, 이러한 관계 형성을 통해서 만들어진 인맥이 인생의 성공에 있어 중요한 역할을 하게 된 것이다(성공이라는 목적하에서만 인간관계를 가지라는 의미는 아니다).

회사 안을 들여다보면, 유머는 개인에게는 인생에 있어 활력소도 되지만, 주위 동료들에게는 행복을 나누어 주는 역할을 한다. 유머는 회사 분위기를 항상 젊게 만들어 준다. 항상 웃음이 끊이지 않는 조직은 활동적이고 팀워크가 있는 조직이 된다. 그리고 이 활동적이고 팀워크가 있는 조직이 더 많은 회사 성과를 창출하는 것은 당연한 결과이다. 회사의 경영자들이 조직 활성화를 위해서 스스로 유머 있는 사람이 되려고 노력하는 것도 이런 측면에서 보면 너무나도 당연하다.

당신 회사의 경영자들도 유머 감각을 키우기 위해서 노력한다면, 당신도 스스로의 유머 감각을 진단해 보고 스스로 판단해서 유머 감각이 부족하다는 생각이 들면 이제부터라도 당신도 유머 감각을 키우기 위해 노력해야 한다. 어떤 사람은 유머 감각이 선천적인 것이라고 생각하지만, 유머 감각을 키우는 방법에 대한 강의가 최근에 많이 생기는 현상은 유머 감각도 후천적인 노력에 의해서 충분히 계발가능하다는 이야기로 이해된다.

우리 회사 직원이 유머 감각을 키우기 위해서 추천한 방법은 텔레비전에서 방영되는 개그 프로그램을 최소한 일주일에 2편 이상씩을 꼭 보고 나서 장안에 화제가 되고 있는 유행어를 회사에서 스스로 시도해 보라는 것이다. 처음에는 어색하겠지만 시간이 흐를수록 유머 감각이 있는 사람처럼 되어 가는 자신을 발견할 수 있을 것이다.

20

에너지와 열정은 직장인의 무기다

회사에서 신입사원을 채용하는 이유 중 하나는 회사에 활력을 불어넣기 위해서이다. 회사는 끊임없이 변화가 요구되는 곳이기 때문에 변화를 하기 위해서는 정태적인 모습이 아니라 동태적인 활동이 필요한 곳이다. 동태적인 활동을 위해서 회사는 에너지와 열정이 넘치는 신입사원을 채용하는 것이다.

당연히 회사에서는 열정과 에너지가 부족한 사람을 채용하지는 않는다. 회사가 신입사원을 뽑는 목적과 동떨어지기 때문이다. 그만큼 회사는 열정과 에너지를 필요로 한다.

에너지, 열정은 전염성이 강한 놈들이다. 이놈들은 다른 사람에게 전염성이 강하기도 하지만, 당신에게는 내부의 목소리에 귀 기울이게 하고 추진력을 높여 주기도 한다.

회사에 출근해서 한 번 정도는 당신 주위를 살펴보자. 회사 직원들 중에서 당신이 판단해 봤을 때 과연 몇 명이나 에너지와 열정이 넘쳐 보이는지를 손을 들어 세어 보길 바란다.

전 직원의 10% 이상이 에너지와 열정이 넘쳐 보인다면, 그 회사의 미래는 밝다고 볼 수 있다. 에너지와 열정이 넘치는 그 10%의 사람들이 바이러스처럼 조직 내에 에너지와 열정을 전염시킬 것이고 이는 빠른 시간 내에 조직 문화로 정착되어 갈 것이다. 전 직원 중에서 어느 누구에게서도 에너지와 열정이 넘치는 모습이 보이지 않는다면 그 회사의 미래는 암울하다. 당장 조치를 해야 하는 이유가 커 보이는 조직이다.

자, 이제 당신의 모습을 한번 그려 보자. 당신은 항상 기운이 넘치고 유머가 있고 불가능이 없다는 자세로 일을 하고 있는지, 아니면 항상 기운이 없어 보이고 어깨를 축 내리고 자신 없어 보이는 모습을 하고 있는지 자신의 모습을 그려 보길 바란다.

당신이 에너지와 열정이 넘치는 회사의 10% 안에 포함되는 직원이라면 당신의 상사들도 당신에게 항상 일에 매진하는 모습을 보여 주기 위해서 노력할 것이다. 부하 직원이 에너지와 열정이 넘치는데 사실, 힘이 안 나는 상사는 없다. 그 부하 직원보다 더욱 에너지와 열정이 넘치는 모습을 보여 주기 위해 노력하는 것이 진정한 리더십이기 때문이다. 이렇듯 부하 직원인 당신이 항상 기운 넘치는 모습을 보인다면 사무실은 항상 기운이 넘치는 분위기가 연출될 것이다. 그러나 반대로 당신이 기운이 없이 어깨를 내리고 자신감이 없어 보인다면 사무실 분위기 역시 자신감이 없는 조직 문화를 갖게 될 것이다.

조직에서 분위기를 업시키는 것이 무조건 상사만의 역할이 아니다. 조직 분위기는 상사와 부하 직원이 같이 만들어야 하기 때문에 부하 직원들도 조직 분위기를 제대로 만드는 것에는 일정 부분 책임이 있다. 이제부터라도 당신은 항상 자신감을 가지고 에너지와 열정이 넘치는 직원으로 행동해야 한다.

조직에서 흔히 젊은 피가 필요하다고 이야기하는 것은 조직이 가지고 있는 관성과 보수적인 생각을 깨트리기 위해 신입사원을 채용함으로써 조금 더 활기차고 자신감 있는 조직을 만들려고 하는 목적이 있기 때문이다. 따라서 항상 본인이 신입사원이라는 생각을 가지고 매사에 매진한다면, 당신의 나이와는 상관없이 스스로가 조직에서 젊은 피가 될 수 있을 것이다.

21

멋있는 옷차림도 성공의 촉매제다

성공하는 사람들을 보면 어딘가 달라 보인다. 어딘가 달라 보인다는 것이 그 사람이 풍기는 내면적인 향기도 그렇지만 실제로 외모에서 풍기는 향기도 달라 보인다.

외모에서 풍기는 향기가 단순히 잘생긴 외모를 말하는 것은 아니다. 물론, 잘생긴 외모를 가지고 있다면 좋겠지만, 그렇지 않더라도 남다르게 외모에서 풍기는 향기는 성공을 하기 위해서 필요한 요소이다. 향기 나는 외모는 남들과는 차별화된 옷매무새를 말하는데 차별화된 옷매무새는 명품이나 값비싼 옷을 이야기하는 것이 아니라 남들이 세련된 모습이라고 인정해 주는 수준을 말하는 것이다.

직장인들을 보면 어떤 사람은 옷을 굉장히 멋있게 입는 사람도 있지만 반대로 직장인인지 아닌지 구분하기 어려울 정도로 옷을 입는 사람도 있다.

회사 생활은 본인은 그렇지 않다고 생각할지 모르겠지만 많은 사람들의 시선을 받는 곳이다. 물론 남들의 시선을 무조건 의식하라는 이야기는 아니지만, 그렇지 않더라도 회사 생활과 환경에 맞게 옷을 입어야 한다. 특히 회사 외부 고객과 접촉이 많은 사람일수록 복장에 대해서 신경을 써야 한다. 외부 고객과 접촉한다는 의미는 회사를 대표한다는 의미이다. 회사를 대표하는 사람이 아무렇게나 옷을 입고 다닌다면 고객은 그 한 개인 때문에 회사를 다른 경쟁사보다 조금은 처지는 회사로 볼 수도 있다.

아무렇게나 옷을 입고 다니는 직장인은 개인적인 성격의 표현이라고 볼 수 있는데, 이 개인주의적 태도가 회사 이미지에 영향을 줄 수도 있는 것이다. 복장보다는 능력이 우선한다고 생각하기 때문에 능력만 보여 주면 성공할 수 있다고 생각하겠지만, 그 능력이라는 테두리 안에는 복장도 포함될 수 있다는 것을 당신은 알아야 한다.

복장에 대해서 이야기하는 것이 시대에 뒤떨어진 발상이라고 생각하는 사람들은 지금 시대는 창의적인 사고를 위해서라도 복장을 자유스럽게 하는 것이 자연스러운 현상이라고 이야기한다. 그러나 복장도 시대와 환경에 맞는 맞춤식이 필요하다. 다른 회사는 복장에 대해서 관대하게 자율 복장을 하는데 왜 우리 회사는 복장에 대해서 통제를 하는지, 이건 아니다 라는 생각이 아니라는 것이다.

자기가 속한 회사의 산업 특성과 조직 문화 등을 고려하여 복장도 회사와 일관성을 가져야 한다.

이런 말을 해도 여전히 복장에 대해서 자율 복장이 중요하고 자율화 시대에 청바지를 입어도 전혀 문제가 되지 않는다는 생각을 한다면, 우리가 함께 찾을 수 있는 방법은 하나뿐이다. 당신이 청바지를 입어도 상관하지 않는 회사로 옮기는 것이 회사도 그렇고, 당신도 편할 것이다. 회사가 가지고 있는 복장에 대한 코드와 개인의 코드가 맞는 회사에서 일을 한다면 회사와 일관성을 유지할 수도 있고 개인도 회사 생활이 훨씬 편하다는 느낌을 가질 수 있기 때문에 그런 생각이 다분한 직원은 빨리 자기와 맞는 회사를 찾아서 옮겨야 한다.

복장과 관련해서 오해하지 않기를 바라는 마음에서 다시 한 번 강조하지만, 멋있게 옷을 입는다는 것의 의미는 명품을 입으라는 이야기가 아니라 복장을 깨끗하고 멋있게 입으라는 것임을 잊어서는 안 된다(간혹 오해하는 사람들이 있기도 하고 오해는 안 하지만, 이 내용을 빌미 삼아 명품 옷을 장만하려는 사람이 있을 수 있다).

22

일 잘하는 사람은 메모를 즐긴다

    메모하는 기술에 대해서는 많은 사람들이 조언을 해 준다(서점에 가 보면 알 수 있을 것이다). 메모의 기술이 중요한 것은 누구나 너무나도 잘 알고 있는 데 반해, 그 본질적인 문제인 메모의 습관에 대해서는 많은 사람들이 알고는 있지만 제대로 본질을 파악하고 실천하지는 않는 것 같다. 우리는 메모와 관련해서 메모의 기술을 익히기 전에 메모의 필요성에 대해서 온몸으로 느끼고 배워야 한다. 그래야지만 제대로 된 메모 습관을 가질 수 있기 때문이다.

    사람이 메모하는 것은 기억의 한계 때문이다. 인간의 뇌는 컴퓨터와 같이 모든 기억을 저장하지는 못한다. 그래서 우리는 메모를 하는데, 메모가 가장 필요한 장소가 바로 회사라는 곳이다. 많은 일들이 발생하고, 많은 회의를 하는 회사는 우리가 기억해야 하는 것이 너무나도 많은 곳이다. 기억해야 할 것들은 너무나도 많은데 우리 뇌의 용량이 따라갈 수가 없기 때문에 다른 곳에서도 메모가 중요시되지만, 크게는 회사에서 성공하기 위해서, 작게는 업무를 제대로 하기 위해서는 가장 메모가 필요한 곳이다.

당연히 회사에서 메모가 가장 필요하고, 가장 널리 쓰이고 우리가 습관처럼 활용해야 하는데도 아이러니하게도 제대로 메모를 하지 않는 직장인들이 의외로 많다. 당신은 아니라고 이야기하고 싶겠지만, 업무 회의를 하면서 메모하는 직원들이 있는지를 살펴보면 이 말이 사실임을 알게 될 것이다(물론 당신은 제대로 메모하는 직원임이 틀림없다). 회의를 하다 보면, 모든 직원들이 수첩을 들고 와서 열심히 무언가를 쓰는 것 같지만, 많은 직원들이 회의 내용을 적는 것이 아니고 낙서를 하거나 공상을 하면서 공허하게 펜을 사용하는 것을 볼 수 있다. 메모가 필요함에도 이렇게 메모하지 않는 직원들은 메모의 필요에 대한 본질을 이해하지 못했기 때문이다.

당신 회사의 직원들은 아니라고 당신은 말하겠지만, 조금 더 직설적으로 현실적인 이야길 해 보자. 당신이 상사로부터 일대일 방식으로 업무와 관련된 인수인계를 받고 있다고 가정해 보자. 상사는 회사의 업무 프로세스 전반에 걸쳐 설명해 줄 것이다. 이때 당신이 당신의 기억력만 믿고 메모를 안 한다면 또는 건성으로 메모한다면 당신은 업무를 할 적마다 다시 상사에게 질문할 수밖에 없는 상황에 처하게 된다(상사는 짜증을 낼 것이다). 당신은 또는 당신의 동료는 전혀 근거 없는 말이라고 이야기할 수도 있다. 물론 당신의 말이 맞을 수도 있다. 당신은 메모를 잘하고 있고 당신 동료들도 메모를 잘하고 있다고 주장하는 것이 맞을 수도 있지만, 그렇게 메모를 잘했다면 당신이나 당신 동료는 일을 놓치지 않고 제때에 일을 했어야 함에도 일을 하면서 자꾸 중요한 사항을 놓치는 경우가 발생하는 것은 무엇 때문이라고 말하는지 한번 들어 보고 싶다. 진실로 이런 경험이 없다고 이야기하지 말고 과거를 돌아보고 메모의 중요성에 대해서 다시 한 번 생각해야 한다.

사람은 관심 없는 것은 쉽게 잊어버리는 경향이 있기 때문이다. 아무리 상사가 제대로 된 업무 지시를 해도 관심이 없어서 건성으로 듣다 보면 메모했을지라도 쉽게 잊어버릴 수 있는데 중요한 것은 내가 쉽게 잊어버렸던 업무가 회사에서는 무척이나 중요한 일일 수가 있다는 것이다. 당신은 전혀 기억을 못 하고 있는데 상사가 그 업무에 대해서 어떻게 진행되었는지를 물어보면 당신은 당황할 수밖에 없다(아마도 상사는 또 짜증을 낼 것이다). 그래서 사람은 항상 메모하는 습관을 가져야 한다. 메모도 건성으로 하는 것이 아니고 상대방의 말에 집중하여 메모할 필요가 있다.

우리는 메모와 관련해서 한 가지를 더 기억해야 한다.

메모했다고 해서 모든 일이 끝나는 것이 아니라 일은 메모로부터 시작된다는 것이다. 그리고 일을 하면서도 지속적으로 그 경과에 대해서는 메모하고 어느 때라도 상사가 업무에 대해서 물어보면 답변을 바로 해야 한다.

메모는 시간 관리에도 영향을 미친다. 회사 생활을 하다 보면 한 가지 업무만 지시받는 것이 아니다. 여러 가지 업무가 동시에 몰려오기 때문에 당신은 많은 업무를 처리해야 하는 과정에서 조직에서 가장 중요하고 긴급한 업무가 무엇인지를 판단하고 처리해야 한다. 메모를 안 하면 우선적으로 필요한 업무를 시작하지 않을 수도 있다. 업무를 하더라도 중요한 업무가 우선순위에서 밀려 나중에 해도 되는 업무를 먼저 하는 실수를 할 수 있다.

그래서 지시받은 일을 메모하는 경우에는 언제까지 업무를 할 것인지를 적어 놓고 업무 전반적인 스케줄을 관리하는 것이 필요하다.

23

책임질 수 있는 말만 하라

한번 한 말은 다시 주워 담기가 어렵다. 말은 보이거나 기록되지 않는 속성이 있기 때문이다. 말이 가지고 있는 속성 때문에 우리는 말을 하는 경우에 한 번 정도는 생각하고 이 말이 어떤 영향을 미칠 것인지를 고민하고 이야기하는 습관이 필요하다. 말이 가지고 있는 속성 때문에 말을 함부로 해서는 낭패를 보는 경우가 생기기 때문이다.

회사 생활이라는 것은 수많은 사람들과 만나서 서로 합의하고 설득하는 과정을 통해서 이루어진다. 수많은 사람들을 만나서 이야기하는 것은 회사의 성과를 내기 위한 과정이다. 그 과정에서 일부 직원들은 단기적인 회사의 성과에 집착한 나머지 지킬 수 없는 말을 하기도 한다. 또는 자신을 과신하기 때문에, 자신이 다른 사람보다 능력이 있다는 것을 증명하기 위해서 말을 부풀리는 경우가 있다.

이유가 무엇이든 간에 당신이 부풀린 말의 결과는 바로 당신에게 다시 돌아온다.

당신이 허세를 부린다고 다른 사람들이 모를 거라고 생각해서는 안 된다. 특히 회사의 상사는 당신보다 인생의 선배이기 때문에 당신이 생각하는 것을 대부분 경험적으로 알고 있다. 당신이 회사 생활이 순탄치가 않아서 그 역경을 벗어나기 위해서 거짓말을 하거나 부풀린 이야기를 하게 되면 당신 상사는 이미 본인이 회사 생활이 어려울 때 해 봤던 일이기 때문에 당신의 의도를 쉽게 간파한다(그래서 당신의 상사도 말의 중요성을 더욱 잘 알고 있는 것이다). 결국, 쉽게 말하면 당신은 번데기 앞에서 주름 잡는 격이라고 할 수 있는 것이다.

상사가 당신이 부풀린 말을 믿지도 않지만 그것이 거짓말로 드러나면 당신은 회사에서 양치기 소년이 되는 것이다. 양치기 소년을 도울 만큼 회사는 한가하지 않다. 회사 내에 있는 어떤 사람도 양치기 소년을 돕지 않을 것이다. 돕는 척이라도 했다가 본인도 오해받을 수 있기 때문에 양치기 소년을 돕는다는 것은 거의 불가능한 일이다.

당신의 상사는 양치기 소년 같은 당신에게 도덕성과 신뢰성을 갖지 못하게 될 것이다.

말을 잘하거나 못하는 개인적인 성향에 따라 다르겠지만, 중요한 것은 책임질 수 있는 말만 해야 한다는 것이다.

24

현금을 써야 할 때를 항상 대비하라

직장 생활을 하다 보면 예기치 않게 현금이 필요한 경우가 있다. 대부분의 직장인들은 플라스틱 현금인 신용카드를 가지고 있기 때문에 특별한 경우가 아니면 현금이 필요 없을 것이다. 실제 생활에서도 물건을 사거나 음식점에서도 대부분은 신용카드를 사용하기 때문에 현금이 없어도 모든 문제가 해결되지만, 직장생활을 하다 보면 현금이 필요한 특별한 경우가 발생한다.

현금이라고 해서 큰 액수의 돈을 말하는 것은 아니다. 심지어 자판기 커피를 마시더라도 몇백 원은 필요하게 된다. 그 몇백 원이 없어서 조금은 구차한(?) 행동을 할 수도 있게 된다. 구차한 행동을 안하기 위해서는 일정 금액 이상의 현금은 항상 가지고 있는 것이 좋다.

현금이 필요한 시기가 당신 상사하고 같이 있는 경우라면 더욱더 현금이 없다는 것이 아쉽게 느껴지게 된다. 현금이 없어서 난처한 상황도 문제지만, 상사가 갖게 되는 당신에 대한 인식이 더 큰 문제이다.

상사가 가지는 선입관이라는 것이 이런 사소한 일 때문에 생겨서도 안 되는 것이지만, 당신 상사 역시 사람인지라 사람이 가지는 작은 시야 때문에 선입관이 생길 수도 있다.

현금이 필요한 시기가 언제인지 생각해 보자. 당신이 아무리 생각해 봐도 현금이 필요한 시기라는 것이 있는 것인지 감이 잡히지 않는다면 현금이 필요한 시기를 몇 가지 제시해 보겠다.

첫 번째는 당신이 영업사원이건 아니건 간에 상사를 모시고 거래처 혹은 회사 외부에 있는 다른 장소로 이동해야 하는 경우를 생각해 보자. 가고자 하는 곳이 어느 정도 거리가 있다면 회사 차를 이용해서 갈 수도 있는데, 하필이면 가고자 하는 곳이 회사 근처인데 걸어서 가기에는 어느 정도 거리가 있는 곳이면 주차 문제 때문이라도 회사 차보다는 택시를 타고 가는 것이 더욱 효과적일 것이다. 택시를 타고 목적지에 도착했을 때 택시 요금이 기본요금 정도 수준이라면 신용카드로 결제하기가 애매해진다. 바로 현금이 필요한 특별한 경우가 발생하는데, 당신의 상사 역시 직장인이라 현금보다는 신용카드를 가지고 다닐 것이 뻔하다. 당신의 상사 역시 현금이 없다는 이야기인데 그렇다면 누가 현금을 준비하고 있어야 하는지를 생각해 보면 당연히 바로 당신이다. 당신은 운이 좋게도 상사가 현금을 가지고 있어 택시비를 내는 경우도 있지만, 항상 운이 좋은 것이 아니라는 것을 알고 있어야 한다. 상사와 같이 택시를 타는 경우에는 부하 직원이 택시비를 내는 것이 회사 생활에서는 예의라는 것을 인지하고 있어야 한다. 아주 사소하게 보일지는 몰라도(사실 무척이나 사소한 일이다) 그 사소한 일 때문에 혹시나 당신의 상사에게 당신이 준비성이 없는 사람으로 인식될 필요는 없다.

두 번째는 식당에서 팁을 줘야 하는 상황이다. 물론 팁은 당신이 아니라 당신 상사가 주는 것이 이치에 맞다(전통적으로 선배 사원이 팁을 주는 것이 한국 사회에서는 당연시된다). 당신은 이런 상황은 당신이 직접 현금을 준비할 필요가 없는 상황이라는 생각이 들겠지만, 당신의 상사가 현금이 없는 경우를 대비해야 한다. 당신보고 팁을 주라고 하는 것이 아니라 필요한 경우에는 아무로 몰래 상사에게 현금을 빌려 줄 수도 있어야 한다는 것이다. 상사에게 돈을 빌려 줄 정도의 친분을 쌓을 수 있는 기회가 생겼는데 그 기회를 무산시키지 말라는 것이다. 아무도 몰래 현금을 빌려 주는 것은 상사의 면을 세우는 일이다.

세 번째는 회사에서 간식 내기 사다리를 탄다고 생각해 보자. 운이 나쁘게도 당신은 제일 큰 금액인 오천 원이 걸렸다. 이런 상황에서 현금이 없다고 말하는 것보다는 당당하게 오천 원을 내는 것이 더 깨끗하고 있어 보인다. 구차하게 돈 오천 원이 없어서 다른 동료에게 빌린 다음에 나중에 갚는 것보다는 그 자리에서 현금 오천 원을 내는 것이 어떤 면에서는 회사 생활을 잘하고 있는 것이다.

아마, 지금쯤 당신은 그럼 얼마 정도의 현금이 필요한 것인지 궁금해할 것이다. 현금을 준비하라는 이야기는 큰 액수의 현금을 가지고 다니라는 것이 아니다. 현금 3만 원 정도면 현금이 필요한 시기마다 고비를 넘길 수 있다.

현금의 액수가 중요한 것은 아니지만, 일정 금액의 현금이 가지는 의미를 생각해 보고 현금을 준비하는 습관을 가질 필요가 있다.

회사의 재무제표를
읽을 줄 아는 것은 기본이다

일 년 농사가 끝나는 시점에 농부가 본인이 일 년 동안 노력해서 만들어 낸 수확량을 제대로 모른다면 제대로 된 농부라는 생각이 들지 않을 것이다. 본인이 씨를 뿌리고 과실을 얻는 작업은 힘든 노력이 필요한데 그 힘든 노력을 하고 나서 얼마만큼의 결과가 있는지 아는 것은 내년에 있을 새로운 계획을 위해서도 필요한 작업이다. 새로운 목표를 세우고 목표를 달성하기 위해서 노력하고 노력을 통해서 결과를 얻는 것은 모든 인생사에서 공통적으로 적용되는 원칙이다.

회사의 직장인들도 같은 논리가 적용된다. 자기가 몸담고 있는 회사의 재무성과조차도 잘 모른다면 제대로 된 직장인이라고 할 수 없다. 제대로 된 직장인이라면 자기 회사의 재무성과에 대해서는 알고 있어야 하는 것이 기본이다.

영업 사원이라면 본인이 일 년 동안 얼마만큼의 성과를 냈는지, 그리고 우리 조직은 얼마만큼의 성과가 나고 조직성과에서 내가 기여한 부분이 얼마나 되는지 정도는 알고 있어야 한다. 영업 사원뿐만 아니라 조직에서 월급을 받는 사람이라면 조직의 성과에 본인이 얼마나 어떻게 기여하는지 정도를 알고 있어야 한다.

회사 생활의 계속 여부는 내가 조직성과에 얼마나 기여할 수 있는지가 기준이 된다. 회사도 계속적으로 조직성과에 기여하는 직원이라면 동반자로서 같이 가겠지만, 조직성과에 기여하지 못한다면 더 이상 회사의 파트너로서의 역할을 기대하지 않는다.

당신이 조직성과에 얼마나 어떻게 기여하는지를 모른다면, 회사의 동반자로서 역할을 제대로 수행하고 있는지 스스로 답을 찾을 수 없는 것이고 회사가 회사의 파트너로서의 당신 역할에 의문을 제기할 때 당신은 아무런 대응도 못 하게 되는 것이다.

회사의 성과에 대해서 관심을 가지고 있는 직원들은 경영자의 시각을 가지고 있는 직원이라고 할 수 있다. 왜냐하면 항상 회사의 성과에 얼마나 어떻게 기여할지를 고민하기 때문이다. 그런 회사원들이 조직의 핵심 인재가 되는 것은 당연하다.

조직 차원에서 당신과 회사의 관계뿐만 아니라 당신과 상사 관계에서도 조직성과를 알고 있는지는 지대한 영향을 미칠 수 있다. 만약 당신이 회사 또는 팀의 재무성과에 대해서 잘 모른다면 당신의 상사는 당신에 대해서 직장인으로서의 자질을 의심하게 된다. 그리고 당신의 상사는 당신의 무관심에 놀라게 된다. 어떻게 자기가 농사를 짓고서도 그 수확량이 얼마나 되는지 알고 싶지도 않은 사람과 한 회사에서 같이 근무할 수 있을까라는 생각을 하게 된다.

재무제표는 매년 회계연도가 끝나면 회사 내에서는 언제 어디서나 열람이 가능한 자료이다. 재무를 담당하는 팀에서 재무제표를 전사적으로 공유하기도 하고 필요하다면 직원들에게 설명도 해주고 내년도 성과를 위해서 재무성과에 대한 분석 자료를 제공하기도 한다.

그런데도 당신만 회사의 재무성과에 대해서 알고 있지 못하다면 당신은 회사에 대해서 관심이 없다고 스스로 이야기하는 것과 마찬가지이다. 솔직히 당신은 회사를 다닐 자격이 없다고 해도 과언이 아니다.

26

회사 배지는 회사에 대한
당신의 열정 척도다

과거에는 회사에 취직하면 회사 배지를 착용하는 것이 하나의 관례이며 그것을 개인적인 자랑으로 여겼던 것 같다. 90년도만 하더라도 출근하는 직장인들이라면 회사의 배지를 자랑스럽게 달고 다녔던 것으로 기억한다. 그러나 최근에는 직장인들을 가만히 지켜보면 회사 배지를 다는 사람보다도 안 다는 사람이 훨씬 많은 것 같다. 지하철을 타고 출퇴근하는 사람 중에서 배지를 달고 있는 사람보다는 안 달고 있는 사람이 눈에 더 띄는 경우가 허다하다.

이런 추세를 보고 있으면 '직장인들 중 과연 몇 명이나 회사 배지를 달고 있을까?'라는 의문이 든다(통계적으로 데이터가 나올 수 없는 질문이다). 아니, 질문을 달리 해서 이렇게 한번 물어보고 싶다. '당신 회사에서 회사 배지를 다는 사람이 전체 인원 중에서 몇 명이나 됩

니까?'라고 말이다.

아마도 많은 사람들이 배지를 달지 않고 있다는 답변이 당연할 것이다. 그러면 직장인들이 배지를 달지 않는 이유는 무엇일까 하는 궁금증이 생기게 된다.

그에 대한 대답은 회사에 대한 열정이 문제가 아닐까라는 생각이 든다. 물론 회사에 대한 열정이 희박해지는 것이 개인의 문제만은 아니다. 회사와 내가 가지고 있는 환경의 변화로 인하여 평생직장이라는 개념이 점점 희박해지고 평생 직업이라는 개념이 대두되면서 개인적인 경력관리가 더욱 중요해짐에 따라 자연적으로 발생하는 현상이라고도 할 수 있다.

그러나 중요한 것은 개인의 경력관리가 중요해짐에 따라 회사에 대한 열정이 낮아지는 것이 자연스러운 현상이라고 해서 당신이 굳이 회사에 대한 열정이 낮다고 표시할 필요는 없다는 것이다.

따라서 회사 배지를 달지 않는 이유가 타당성이 있다고 하더라고 우리는 회사 배지를 달아야 한다. 회사 배지를 달지 않는다는 것은 회사에 대한 개인의 열정이 그만큼 없다는 무언의 암시가 된다. 회사에 대한 열정이 없다면 회사 역시 당신에 대한 평가를 달리 할 수밖에 없다.

당신은 회사 배지에 대해서 너무 큰 의미를 부여한 나머지 너무나도 큰 비약이라고 생각할 수도 있다. 그러나 당신 회사의 상사 또는 경영자들은 절대 그렇게 생각하지 않는다.

경영자의 시각에서는 회사에 대한 열정이 있느냐 없느냐를 너무나도 중요하게 생각하는데, 개인이 가지고 있는 회사에 대한 열정이 눈에 보이면 좋겠지만 열정이라는 것이 눈에 보이지 않기 때문에 다른 무언가를 통해서 직원들의 회사에 대한 열정을 확인하고 싶어 한다. 그래서 당신의 행동이 당신이 가지고 있는 조직 열정이라고 생각하는 것은 지극히 당연하다(여기서 말하는 행동은 배지를 다는 것을 말한다).

경영진이 또는 회사의 상사가 당신이 가지고 있는 회사에 대한 열정에 의구심을 갖는다는 것은 무엇을 의미하겠는가? 아마도 당신은 우리 회사에 오래 근무하지 않을 직원이라고 평가하게 될 것이다. 이런 평가 결과에 따라 당신은 회사에서의 발전이 더디게 되고 당신이 추구하는 경력관리도 당신이 원하는 방향이 아닌 방향으로 가게 될 것이다.

당신이 지금 배지를 달고 있지 않다면 당장 달기 바란다. 그래서 당신의 회사에 대한 열정을 간접적으로 보여주길 바란다.

회사가 추구하는 가치를
당신의 가치로 만들어라

회사에 취직하면 회사마다 지향하는 가치가 있다는 것을 알게 된다. 회사는 이윤 추구를 하는 집단이기도 하지만, 사회에서 왜 존재하는지를 명확히 해야만 회사와 관계된 이해관계자에게 그 회사의 존재 목적을 제대로 알릴 수 있다. 따라서 회사가 지향하는 가치를 문구로 만드는 것이다.

회사가 지향하는 가치는 회사마다 다른 형태로 존재할 수가 있다. 기업의 비전이나 가치 선언문 또는 사훈이라는 형태로 존재하기 때문에 처음 입사하는 사람들이 혼란을 느낄 수도 있지만, 결국에는 회사의 존재 목적을 알려주는 것으로 이해하면 된다(이하 가치 선언문으로 통일하겠다).

어떤 면에서 회사의 가치 선언문은 기업의 사회적 책임을 대변한다고도 할 수 있다. 기업이 이익을 추구하는 이상의 가치를 실현하고 자 하기 때문이다. 가치 선언문은 회사가 선포한 회사의 존재하는 목 적이기 때문에 그 회사의 직원이라면 당연히 숙지하고 있어야 한다.

가치 선언문은 회사의 경영자가 만드는 것이 원칙이다. 회사의 경 영자가 회사의 미래 비전에 대한 고민 속에서 회사가 지켜야 할 원칙 을 천명하는 것이 가치 선언문이기 때문이다. 그러기 때문에 당신이 회사의 직원이라면 회사의 경영자가 만든 회사의 방향성을 제대로 알 아야만 회사 성과에 기여할 수 있는 직원이 될 수 있는 것이다.

회사는 가치 선언문을 조직의 모든 임직원들이 알 수 있도록 많 은 공유 활동을 한다. 그런데 사실 회사는 조직의 모든 임직원들과 회사의 가치 선언문을 공유하는 것 이상을 추구한다. 임직원들이 회 사의 지향하는 가치를 완전히 자기 것으로 만들어서 회사의 모든 활 동에 반영하도록 하는 것이 회사가 추구하는 지향점이다.

그래서 당신은 회사가 추구하는 가치를 제대로 아는 것도 중요 하지만, 더욱더 중요한 것은 회사가 추구하는 가치를 당신의 가치로 만들어야 한다. 회사의 방향성과 당신의 방향성을 일치시킨다는 것 인데, 이 둘의 정합성이 이루어져야만 회사의 성과에 기여하는 직원이 될 수 있고, 당신의 회사 생활이 의미를 갖게 된다.

회사의 가치 선언문을 완전히 숙지하고 있다면 뜻밖의 성공 기회 가 찾아올 수도 있다. 회사 생활을 하면서 매우 드문 경우이겠지만,

우연히 회사의 경영진과 마주친 자리에서 그 경영자가 당신에게 회사가 추구하는 가치가 무엇인지 물어볼 수도 있다(특히 당신이 신입사원이면 회사의 경영진이 당신에게 던질 만한 질문이다).

이때 당신이 잘 모른다고 대답하면 글쎄, 당신의 회사 생활이 순탄치만은 않을 것이라는 생각이 든다. 경영진은 그 자리에서 회사가 추구하는 가치를 잘 모르겠다는 당신에게 별다른 말은 안 하겠지만, 이미 회사에서의 당신에 대한 평가는 끝난 것이라고 생각해도 무방하다(아주 안 좋은 결과이다).

반면에 경영진이 우연히 당신에게 회사가 추구하는 가치에 대해서 물어보았을 때 당신이 정확히 대답하면 그 역시도 당신에 대한 경영진의 평가가 어느 정도는 좋게 끝난 것이라고 생각해도 된다. 아니, 어느 정도가 아니라 아주 좋은 평가 결과가 당신을 기다리고 있게 된다.

회사 생활을 열심히 하고 있는 당신, 2%가 부족하다고 느껴진다면 회사를 떠날 것이 아니라 2% 부족분을 채우기 위해서라도 회사의 가치 지향점을 당신의 가치 지향점으로 만들기를 바란다.

당신 회사의 가치 선언문은 무엇인가?

28

업무 시간에 여유가 생기면 다른 동료의 업무를 도와주는 습관을 가져라

업무를 가장 빠르고 쉽게 배우는 방법은 직접 해보는 것이다. 교육을 통해서 업무를 배우는 것에는 한계가 있다. 교육은 실제 업무보다는 이론을 가르치기 때문에 실무에서의 실효성에도 한계가 있다. 그래서 실전 업무를 통해서 자꾸 몸에 부딪히고 깨지고 느끼면서 배우는 업무가 살아 있는 업무 습득이 되는 것이다.

한국의 기업들은 경제 위기 이후에 많은 인력 구조조정을 실시했는데, 그러다 보니 지금의 조직 인력 관리도 최소한의 인력으로 구성하여 운영하는 것이 대부분의 기업에서 실행하고 있는 인력 운영 방식이 되었다. 최소한의 인력으로 운영하는 인력 운영 방식은 개인들에게는 업무를 통한 전문가로서의 개인 경력 계발은 가능하지만, 다른 업무를 통해서 폭넓은 지식을 배울 수 있는 기회는 상대적으로 적어졌다는 것을 의미한다.

그렇다고 폭넓은 지식을 배울 수 있는 기회가 완전히 없어졌다는 의미는 아니다. 폭넓은 지식을 배울 수 있는 틈새시장이 조직마다 존재한다. 개인이 그 틈새시장을 활용할 것인지의 판단이 중요한 것이지, 배움의 기회가 없는 것은 아니다. 폭넓은 지식을 배울 수 있는 틈새시장은 업무 과정과 시간 속에 있다.

업무를 하다 보면 시간적인 여유가 생기는 경우가 있다. 이 시간적인 여유를 다른 일반 직원처럼 그냥 쉬는 시간으로 활용할 것이 아니라 여유 시간이 있으면 동료들에게 도울 일이 없는지를 물어보고 도울 일이 생기면 동료들의 업무를 도우면서 그 업무에 대해서 조금이라도 배우는 것이 바로 조직에서의 틈새시장을 활용하는 방법이 된다. 동료들의 업무를 돕다 보면, 자신도 모르게 그 업무에 대해서 깊지는 않아도 넓게 지식을 쌓게 될 수 있다. 업무에 대한 폭넓은 안목은 자신의 업무를 하면서도 좁은 시각을 가지고 업무를 하는 것이 아니라 회사를 전체적으로 볼 수 있는 능력을 키울 수 있게 된다.

전문가를 지향하는 시대에 있어 진정한 전문가는 한 우물만 파는 것이 아니라 내가 맡고 있는 업무에 대해서 전문가가 되어야 하는 것은 기본이고, 그 외의 업무에 대해서도 상식 수준 정도는 알아야 한다. 그래야만 조직에서의 전문가라는 소리를 들을 수 있게 된다.

기능별 전문가는 회사의 전체적인 성과 창출보다는 자기 부서의 이익 창출에만 매달리게 되어 있다. 이렇게 좁은 시각을 가지고 있는 직원들이 많을수록 회사의 발전은 기대할 수가 없게 된다.

사회적으로 한 가지 이슈가 생길 때 그 이슈가 회사에 미치는 영향을 고려할 줄 아는 인재가 필요하다. 환경이 회사에 미치는 영향을 고려하고 분석하여 회사에 기여할 수 있는 의견을 제시하기 위해서는 기능별 전문가가 아니라 진정한 의미의 전문가가 필요한 것이다. 진정한 의미의 전문가는 회사 전반을 볼 수 있는 안목을 가지고 있는 사람이다. 내가 하는 업무와 상관없다는 태도로 일관하는 기능별 전문가는 참다운 전문가가 아니다. 진정한 전문가가 된다면 남들이 가지지 못한 시각을 가질 수 있다. 남들이 가지지 못한 시각이라는 것은 남들은 나무를 볼 때 숲을 볼 수 있는 안목이다.

진정한 전문가는 조직에서의 업무 개선을 하는 데 있어서도 내가 하고 있는 업무만을 바라보고 부분적인 개선만 하는 것이 아니라 숲을 볼 수 있는 시각으로 조직 전체 차원에서의 업무 개선을 하는 사람이다. 지금은 창조성이 강조가 되는 시대이다.

숲을 볼 수 있는 시각은 창조성의 기반이 될 수 있다. 가치 혁신, 창조성이라는 말은 조직 전체적인 관점에서 나의 업무를 바라볼 수 있는 능력이 필수적인 조건이기 때문이다. 이러한 능력을 기반으로 창조적인 사람은 미래의 트렌드를 읽을 수 있다. 미래의 트렌드를 읽는 사람은 성과의 기회를 발견할 수 있는 능력이 있는 사람이다.

당신이 창조적인 사람이라면 회사에서 당신의 미래는 밝을 수밖에 없다.

빨간 넥타이와 파란 넥타이의
차이를 알아야 한다

직장인들의 복장은 다들 천편일률적인 경우가 많다. 검은색이나 회색 양복에 검은색이나 짙은 어두운 색의 넥타이를 매는 경우가 대부분이다. 그나마 최근에는 넥타이의 색상이 상대적으로 밝아져서 조금은 다양하게 느껴지기도 한다.

직장인들의 복장이 너무나 똑같다고 이상하다고 말하는 것은 아니다. 기업을 다니다 보면 자신의 의지와는 상관없이 복장을 해야 하는 경우가 많기 때문이다. 직장인들은 외부 고객과의 만남이 잦게 된다. 외부 고객과의 만남에서 양복을 입는 것은 다른 사람에 대한 배려이고 예절이다. 그래서 복장이 같은 색상인 것이 이상하다고 말할 수는 없다.

다만, 최소한 직장인들은 환경에 따라서 넥타이의 색상은 색상마

다의 의미가 있기 때문에 조금은 조심스럽고 생각 있게 넥타이를 선정해야 할 필요가 있다.

조문을 가는 경우에는 당연히 검은색의 복장을 해야 하고 검은색의 넥타이를 착용하는 것이 조문을 가는 사람들이 지켜야 하는 예절이다. 조문을 가는 경우에 화려한 색상의 복장을 하고 간다면 주위 사람들은 곱지 않은 시선을 보낼 것이다. 이렇게 상황에 맞게 최소한 넥타이의 색상 정도는 구분할 줄 아는 것이 제대로 된 직장인이다.

당신은 회사 생활에서의 빨간 넥타이와 파란 넥타이의 차이점에 대해서 알고 있는지가 궁금하다. 회사 생활에서 빨간색과 파란색의 넥타이는 의미적으로 큰 차이가 있다. 빨간색 넥타이는 상대방을 배려하는 것이 아니고 나를 먼저 내세우는 색상이다. 선거철에 유난히 텔레비전에 나오는 정치인들을 보고 있으면 대부분이 빨간색 넥타이를 착용하고 있다. 이는 자신의 자신감을 표현하기 위한 하나의 수단이기 때문이다. 이에 반해 파란색은 나를 먼저 내세우는 것이 아니라 상대방을 배려한다는 의미를 가지고 있는 색상이다. 회사에 취직하고자 하는 후보자들은 대부분이 파란색의 넥타이를 착용한다. 스스로 안정적인 모습을 보이기 위한 이유도 있지만, 취업하고자 하는 회사의 선배들을 배려하기 위한 이유도 된다. 그러기 때문에 빨간 색상과 파란 색상 넥타이의 의미론적 차이로 인하여 회사 생활을 하면서 당신은 상황에 따라서 넥타이의 색상을 선택할 필요가 있다.

상사하고 같이 참여하는 고객을 만나는 회의에서는 가능하면 파란색의 넥타이를 착용하여 나보다는 고객과 상사를 배려한다는 느낌을 줄 필요가 있다. 나보다는 남을 배려한다는 느낌은 회사 생활에서 개인보다는 조직을 먼저 생각하는 사람이라고 주장하는 것과 같다. 조직에 대한 열정을 간접적으로 표현함으로써 당신의 고객과 상사가 당신에게 신뢰감을 가질 수 있는 계기를 만든다.

예외적으로 빨간 색상의 넥타이를 착용할 필요가 있는 경우도 있다. 회사 외부에서 회사를 대표하는 경우에는 나와 회사에 대한 자부심을 알릴 필요가 있다. 취업 박람회에서 회사를 대표해서 회사를 설명하고자 하는 경우나 회사의 신제품을 발표하는 자리인 경우에는 자부심을 표현해야 하는데 이런 경우에는 빨간 색상의 넥타이가 필요한 것이다.

상황에 맞추어서 자기 변신이 중요하다. 그것이 복장이든 아니든 상황에 맞추어 자신을 변화시킬 줄 아는 능력이 필요한 시대이다.

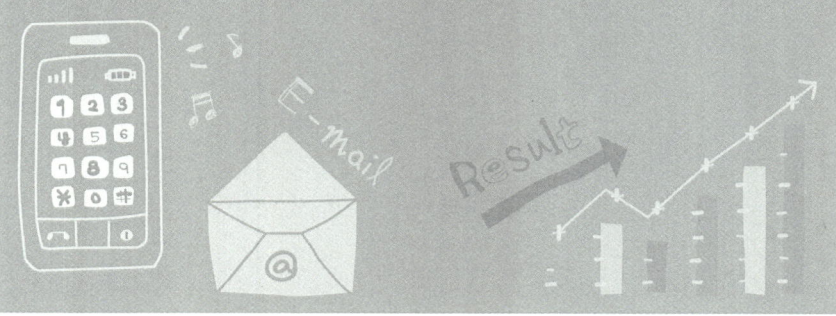

제2장 직장생활수칙

상사와의 관계

30

가재는 게 편이다

회사 생활을 하다 보면 상사와의 마찰로 인해서 상사가 저지른 악업임에도 불구하고 마치 내가 한 일처럼 인식되어 누명을 쓰는 억울한 일도 생길 수 있다.

만약 당신에게 이런 억울한 일이 생기면 당신은 어떤 행동을 취할 것인가? 억울하다고 분개하면서 그리고 정의가 필요하다고 동료 직원들에게 하소연하면서 그 억울한 일을 해결해 달라고 인사 부서에 가서 이야기할 것인가? 아니면 담당 임원에게 억울한 일을 바로잡아 달라고 이야기할 것인가?

누구한테 이야기하기 전에 당신이 알아야 할 사실은 가재는 게 편이라는 것이다.

당신의 억울한 일을 해결할 경우에 당신의 상사에게 좋지 않은 결과가 예상된다면 회사의 모든 상사(경영진 포함)들은 이구동성으로 모든 잘못은 당신에게 있다고 이야기할 것이다(물론 예외적인 경우는 있다). 그래서 당신보고 억울해도 참으라고 이야기하는데, 그래도 당신이 참지 못하는 경우에는 회사의 모든 상사들이 당신에게 온갖 협박을 할 수도 있다(조금 과장된 이야기이다. 이해를 구한다). 이런 일이 발생한다면 당신은 더욱 억울할 것이다.

하지만 이런 일이 조직에서는 실제로 발생한다. 그러기 때문에 억울한 일이 생기면 당신은 조용하고 냉정하게 생각해야 한다. 잘못의 본질적인 원인에 대해서 생각하고 과연 나의 잘못은 있지 않았나 고민해야 한다. 생각하고 고민한 결과가 나에게 조금이라도 잘못이 있었다는 판단이 서면 누구한테도 이야기하지 않는 것이 옳은 판단이다.

그렇지만 당신의 생각하고 고민한 결과가 그 일은 상사의 잘못이라는 확신이 들면 그때에는 조직 내에서 가장 합리적인 상사를 찾아보길 권한다. 그리고 그 상사에게 억울한 일에 대한 모든 것을 이야기하고 해결책을 함께 모색하는 것이 바른 방법이다(물론 그 상사가 당신의 억울함을 제대로 못 풀어 줄 수도 있다).

하지만 당신은 당신의 억울함을 상사에게 이야기할 수 있는 기회를 가진 것이기 때문에, 그 상사의 조언을 받아들이고 그 조언대로 행동하는 것이 올바르다. 그 상사가 당신의 억울한 일이 사실은 억울하기보다는 당신의 상사와의 다른 본질적인 원인이라서 당신 상사와의 갈등 해결이 먼저 필요하다고 이야기하면 당신은 먼저 당신 상사와의 갈등을 해결해야 한다(어쩌면 그 상사도 가재는 게 편일 수도 있지만 당신은 그 상사를 신뢰해야 한다. 최소한 그 상사는 당신의 고민을 들어주었기 때문이다).

당신이 직접 회사에 대고 억울하다고 이야기하는 것보다는 회사의 합리적인 상사가 회사에 대고 이야기하는 것이 억울한 일을 제대로 풀 수 있는 방법이다. 그러면서도 항상 잊어서는 안 되는 진리는 가재는 게 편이라는 것이다.

31

상사가 당신을 사랑하게 만들어라

회사 생활에서 당신 상사가 당신을 사랑하는 관계라면 회사 생활이 곧 유토피아가 될 수 있다. 생각해 보라. 회사 생활이 유토피아라면 이보다 더 좋을 수가 있겠는가?

당연히 이보다 더 좋은 이상향은 없다고 단언할 수 있다. 매일 아침 잠에서 눈을 뜨게 되었을 때, 미치도록 회사에 가고 싶은 생각에 기쁨이 충만해지고 미치도록 일이 하고 싶은 생각에 하루가 즐겁다면 세상은 정말 살 만한 세상일 것이다.

그 행복한 회사 생활이 바로 당신의 작은 배려를 통해서 가능하다면 당신은 어떻게 하겠는가? 한 번 정도 시도해도 당신이 손해 보는 것이 없다면 당신의 배려 있는 행동을 실천하는 것도 그리 나쁜 것은 아닐 것이다.

상사와의 돈독한 관계를 만들기 위한 작은 배려의 시작은 상사의 가족에 대한 배려에서 출발한다. 상사의 배우자를 기억하고 상사의 자녀를 기억하는 것이 시작점이다. 작은 배려를 위한 작은 일을 실천하기 위해서 당신은 당신의 실천 대상이 누구인지를 먼저 알아야 한다. 상사의 배우자와 자녀는 바로 당신이 배려라는 실천을 해야 하는 대상자이기 때문에 상사의 가족에 대해서는 최소한 얼굴과 이름, 나이 정도는 기억해야 한다.

당신과 상사 배우자와의 관계에서 상사의 배우자가 당신에게 고마움을 느끼도록 만드는 것이 중요하다. 고마움을 느끼는 사람에게 정이 더 가는 것은 사람이 가지고 있는 본성이기 때문이다. 그러면 배우자의 고마움을 선물로 받기 위해서 당신은 어떻게 해야 하는지에 대해서 고민해야 하는데, 그 고민을 크게 생각할 필요는 없다. 당연히 당신은 상사의 가족을 평상시에는 거의 보지 못할 것이다. 상사의 가족들도 당신을 못 보는 것은 피차일반이다. 평상시에 거의 보지 못하지만 일 년에 한 번이든 아니면 그 이상이든 상사의 가족을 보게 되었을 때 당신이 상사의 가족을 기억하고 있다는 따뜻한 행동만으로도 상사의 배우자는 당신에게 호감을 갖게 될 것이다.

당신의 따뜻한 행동이 상사의 자녀에 대한 행동이라면 당신의 상사와 배우자는 더욱더 당신에게 고마움의 선물을 주게 된다(부모에게 자녀만큼 소중한 것이 없기 때문이다).

일 년에 몇 번 안 되는 상사 가족과의 만남이 상사의 가족이 몸이 아파서 병원에 입원한 경우라면 당신의 병문안과 따뜻한 행동은 조금 더 빛이 날 것이다.

당신은 당신의 상사와 가족을 식사에 초대할 수도 있다. 사실 당신이 귀찮을 수 있는 일이지만, 자꾸 상사 가족과의 만남을 통해서 서로 대화하고 서로 얼굴을 익히는 것이 중요하기 때문에, 그리고 맛있는 음식은 사람의 경계심을 가장 잘 풀어 줄 수 있는 매개체이기 때문에 같이 식사하는 것도 좋은 방법이 된다.

당신 상사의 휴가를 챙겨 주는 것도 좋은 방법이 된다. 상사의 휴가를 챙긴다는 것을 너무 어렵게 생각할 필요는 없다. 상사의 휴가를 챙긴다는 것이 상사의 휴가에 대한 모든 편의를 제공한다는 의미가 아니라는 것을 먼저 말하고 싶다. 상사의 휴가를 챙긴다는 것은 단순히 상사의 휴가 일정에 대해서 배려해야 한다는 것이다.

당신의 상사는 가족이 있기 때문에 휴가 일정을 자녀의 일정에 맞추어야 한다. 휴가 일정 때문에 상사와 갈등 구조를 만들 필요는 없다. 아무래도 당신 상사보다는 당신이 나이도 적기 때문에 자녀의 나이도 어릴 것이다. 이 말은 휴가 일정에 대해서는 당신이 더 유연성이 있을 수 있기 때문에 휴가 일정에 대해서만큼은 상사에게 큰 배려를 하는 것처럼 하면서 충분히 양보하는 것이 상사와 좋은 관계를 맺는 좋은 방법이 된다. 사람은 본능적으로 본인이 가장 중요하게 생각하는 것을 다른 사람이 챙겨준다는 생각만으로도 기분이 좋아지고 챙겨주는 사람에게 동질감을 느끼게 된다.

상사와의 관계 형성에 있어서 가족에 대한 배려 이외에 직접적으로 상사와 좋은 관계를 맺는 방법 중에 하나는 상사와 같은 취미를 갖는 것이다. 상사와 같은 취미를 갖게 되면 일단 공통의 대화 주제가 생기게 된다. 평상시에 많은 대화를 할 수 있는 기회가 생기게 된다. 당연히 대화를 많이 하면 할수록 상사와 돈독한 관계가 형성되는 것은 자연스러운 것이다.

상사가 골프를 좋아하면 당신도 골프를 배워야 한다(사실, 요즘 직장인에게 골프는 필수다. 상사를 핑계로 골프를 배울 수 있게 된다). 등산을 좋아하면 같이 등산을 가고, 운동을 좋아하면 같이 운동을 하고, 독서를 좋아하면 같이 책에 대해서 토론하고, 영화를 좋아하면 같이 영화에 대해서 이야기하는 사람이 될 필요가 있다(상사와 같은 취미를 갖는다고 당신이 손해 보는 것은 없을 것이다. 단지 조금은 귀찮아질 수 있는데 당신에게 해가 되는 것이 없기 때문에 해볼 만한 일이다).

당신이 상사와 같은 취미를 갖는 것을 어렵게만 느낀다면 상사와 당신의 평상시 대화는 업무적인 이야기만으로 이루어지게 될 것이다. 반대로 상사와 같은 취미를 갖게 된다면 당신은 회사 생활에서 느끼는 또 다른 즐거움을 가질 수 있다.

당신이 이렇게 상사에 대한 배려를 보여 준다면 상사는 당신을 사랑할 수밖에 없다. 당신을 사랑하는 상사는 회사 안에서든 밖에서든 항상 당신을 도와주려고 할 것이다. 결국, 당신은 회사 생활에서 커다란 지원군을 얻게 된 것이다.

당신의 상사가 당신을 유능한 직원으로 느끼는 것은 그만큼 노력한 당신이 가질 수 있는 결과이다.

32

상사의 지시에
반드시 중간보고를 하라

조직 구조는 상하 관계를 가지고 있다. 업무를 하는 데 있어 지시하는 사람이 있으면 그 지시를 이행하는 사람이 있는 것이 조직 구조이다. 그 상하 관계를 조직은 직급(직책)이라는 개념으로 운영한다. 조직 구조에서 높은 직급의 사람은 낮은 직급의 사람보다 업무에 관해서 많은 경험과 지식을 갖고 있기 때문에 업무를 효율적으로 처리할 수 있는 능력을 가지고 있지만, 회사가 높은 직급에 있는 사람에게 효율적인 업무 처리 능력만을 요구하는 것은 아니다. 당연히 효율적인 업무 처리 능력을 가지고 있는 것은 기본이고, 그 능력을 낮은 직급의 사람에게 알려주는 역할까지도 요구한다.

업무를 배우는 방법에 있어 가장 좋은 방법은 그 업무를 실제로 해 보는 것이다. 상사들은 본인들이 하면 효율적으로 업무를 수행할 수 있는 것도 부하 직원의 역량을 키우기 위해서 아래 사람에게 업무 지시를 하는 것이다.

업무를 지시하는 이유가 부하 직원의 역량을 키우기 위한 것도 있지만, 팀 단위에서의 전체적인 성과를 내기 위해서 업무를 적절히 분담했기 때문에 각자 맡은 업무를 수행하기 위해서 지시받은 업무를 담당자에게 전달하려는 목적도 있다.

성과를 창출한다는 의미에서 보면, 업무 관계라는 상하 관계에서 업무를 지시하는 사람의 성과는 업무 지시를 받는 사람의 성과의 합으로 도출된다. 이런 상하 관계 때문에 상사와 부하 직원 간에 있어서 그 관계를 제대로 정립하지 못하면 갈등 관계를 일으키는 것이다.

조직 구조상 상하 관계에 있어 업무 지시가 가지고 있는 성과 창출이라는 책임 때문에 상사가 부하 직원에게 업무를 지시하게 되면 당연히 그 업무가 어떻게 진행되고 언제 마무리되어 결과물이 나오는지 상사는 알고 싶어 한다. 문제는 상사의 이런 기대를 저버리고 지시받은 업무가 어떻게 진행되고 있는지 아무런 말도 하지 않는 부하 직원에게 있다. 부하 직원이 보고하지 않으면 상사는 해당 업무가 어떻게 진행되고 있는지 알 수가 없다. 혹시라도 다른 직원이나 상사의 상사가 업무 진행에 대해서 물어보면 상사는 벙어리가 될 수밖에 없다. 벙어리가 된 상사가 부하 직원에게 업무 진행에 대해서 물어보고 또는 다그치고 하는 행위가 잘못된 것이 아니라 이런 상하 관계에서 중간보고를 받지 못했기 때문에 발생한 일인데 부하 직원들은 이런 상사를 보고 통제 중심의 꽉 막히고 업무 위임을 전혀 하지 않는 독선적인 상사라고 같이 일하는 것이 싫다고 말한다. 상사가 독선적인 상사가 되는 것은 부하 직원이 제대로 중간보고를 하지 않았기 때문이다. 실제 회사 업무에서도 보고 활동은 가장 기본적인 활동 중 하나임에도 제대로 이행되지 않는 활동 중 하나라고 할 수 있다.

중간보고라는 과정이 점점 사라지게 되는 이유가 무엇일까 하는 생각이 드는 것은 조직 상사들의 공통적인 궁금증일 것이다. 이 이유에 대한 개인적인 생각은 후배 사원들의 업무에 대한 인식 차이에서 오는 것이 아닐까 한다. 업무를 하는 데 있어서 중요한 과정 중의 하나가 지속적인 중간 점검을 통하여 업무의 결과에 대한 완성도를 높이는 것인데, 지금의 부하 직원들은 자기의 판단하에 결과물만을 보고하는 것이 옳은 업무 방식이라고 생각하는 것 같다.

지시한 업무의 결과물만을 보고받은 상사의 입장에서는 부하 직원이 자기를 무시한다고 느낄 수도 있다. 업무가 제대로 성과를 내기 위해서는 여러 사람의 의견이 반영되고 수정되어야 최종적으로 좋은 결과물을 만들어 내는데, 담당자가 자기의 판단을 근거로 최종 결과물을 보고하게 되면 상사는 본인의 역할이 축소된다고 느끼게 되기 때문에 무시당한다는 생각을 하게 될 수도 있다. 게다가 그 최종 결과물의 내용이 훌륭하다면 좋겠지만 내용도 흡족할 수 없는 수준이라면 상사가 그 보고서를 다시 고쳐야 하는, 두 번 일을 해야 하는 일이 발생하기도 한다. 어떻게 보면 이중 비용이 발생해서 회사의 낭비가 된다.

당신은 지시받은 업무에 대해서 가능하면 중간에 보고하는 습관을 가져야 한다. 왜냐하면 중간보고를 통해서 팀의 성과를 당신의 상사와 함께 만들어 가는 것이 중요하기 때문이다.

그리고 중간보고를 핑계로 상사와 지속적인 대화를 함으로써 상사와 좋은 인간관계를 맺을 수도 있게 된다.

33

상사의 지시는 업무 1순위이다

기업 환경의 변화가 너무 빨라서 기업은 환경의 변화보다 빠르게 변화해야지만 살아남을 수 있다고 한다. 이러한 환경을 반영하여 회사마다 스피드 경영을 강조하는 것은 새삼스러운 일이 아니다.

그러면 스피드 경영이라는 것은 무엇일까? 스피드 경영은 의사 결정의 속도라고 할 수 있다. 남들보다 빠른 의사 결정을 통하여 기회를 선점하자는 것이다. 이는 일상적인 업무에서도 적용되는 원칙이다. 조직에서의 보고서는 경영자가 의사 결정을 하기 위한 자료이다. 스피드 경영에서는 빠른 의사결정이 필요하다. 빠른 의사결정을 하기 위해서는 보고서가 제때에 보고되어야 가능하다.

그러면 그 보고서는 누가 작성하는가? 회사에서 보고서는 상사가 작성하는 것이 아니라 부하 직원인 바로 당신이 작성한다. 상사는 당신에게 보고서를 어떻게 언제까지 작성하라고 지시할 뿐이다. 물론 당신이 작성한 보고서가 완벽하다면 좋겠지만, 완벽하지 않다면 당신의 상사가 일부 수정 보완하여 그 완성도를 높이게 될 것이다.

상사의 지시를 받은 당신은 보고서를 작성하기 시작하는데, 보고서를 작성하는 데 있어 지켜야 하는 원칙이 있다는 것을 미리 알고 있어야 한다.

먼저 보고서의 내용이다. 품질이라는 표현이 맞을 수도 있겠다. 보고서의 품질은 어느 정도 수준(상사가 원하는 수준) 이상이 되어야 한다. 상사가 보고서를 보고 부족하면 수정하게 되지만, 상사가 수정을 되도록이면 안 하도록 보고서의 수준을 끌어 올려야 한다. 사실, 상사가 보고서를 수정한다고 하지만 상사의 입장에서는 당신이 보고서를 작성하는 것이 아니라 아예 상사에게 작성하라고 지시하는 것으로 착각할 수도 있기 때문에 보고서의 품질이 높아야 한다.

보고서 작성 시한도 중요하다. 작성 시한에 맞추려고 하다 보면 품질이 떨어지는 것은 당연할 수밖에 없다고 당신은 생각할지 모르겠지만, 당신의 상사는 절대로 그런 생각을 하지 않는다. 상사가 무자비해서 그런 것이 아니라 상사는 보고서의 품질과 기한을 맞출 수 있는 충분한 능력을 가지고 있기 때문이다. 시한도 당신이 생각하는 시한은 이미 늦은 것이다. 상사가 지시한 시한대로 작성하는 것이 늦었다는 의미이다. 보고서를 작성하고 나서 그 보고서로 당신의 능력을 인정받으려면 상사가 지시한 기한보다 빠른 일정으로 작성하여야 한다. 상사가 지시한 기한보다 빠른 기한이 당신이 지켜야 하는 기한이다. 그래야지 상사가 여유를 가지고 검토할 시간을 갖게 된다.

여유로운 시간을 갖게 된 당신의 상사와 당신은 그래야 보고서의 품질에 대해서 깊이 있는 토론을 할 수 있는 시간이 생기게 되어 보고서의 품질을 한층 더 높이는 결과를 얻기도 하지만, 그 과정에서 상사와 신뢰의 관계를 가질 수 있는 기회도 생기게 된다. 많은 대화를 하게 되면 대화를 하지 않는 것보다는 신뢰가 더 생기는 것이 당연한 이치이다.

보고서의 품질과 납품기한을 제대로 맞추고 상사와 많은 대화를 하게 되면 당신이 인정받는 직장인이 되는 것도 시간문제일 뿐이다.

반대로 당신이 보고서의 품질과 납품기한을 지시받을 적마다 지키지 못한다면, 당신은 상사와 대화할 시간도 없을뿐더러 당신의 상사는 더 이상 당신에게 업무를 맡기려고 하지 않게 될 것이다. 물론 처음부터 완벽한 보고서를 작성하는 것이 힘들기 때문에 상사가 업무지도를 하는 경우가 일반적이지만, 당신은 그 일반적인 수준을 뛰어넘어야 한다.

업무가 없는 직장인이라고 생각해 보자. 다음 단계에서 당신을 기다리고 있는 회사의 조치가 무엇이겠는가?

34

승진하게 되면 누구보다도
상사에게 감사를 표하라

회사를 활기차게 만드는 방법은 직원들에게 동기부여를 하여 조직에 몰입하도록 유도하는 것이다.

회사에서 직원들에게 동기부여를 할 수 있는 방법은 금전적 보상과 사회적 보상으로 생각할 수 있다. 금전적 보상은 개인의 연봉 수준이다. 성과를 많이 내는 직원에게 그만큼 높은 수준의 연봉을 지급하는 것을 말한다. 사회적 보상은 우리가 흔히 승진이라고 말하는 것이다. 대리, 과장, 차장, 부장이라는 명칭을 부여하는 것을 말하는데 사회적으로는 직급에 맞는 대우를 받게 된다.

회사 생활에서 가장 기쁜 일 중 하나는 회사로부터, 상사로부터 그리고 동료로부터 인정받는 것이다. 회사로부터 인정받는다는 것은 승진이라는 훈장이 증거가 된다. 회사는 능력도 없는 사람을 승진시킬 리가 없기 때문이다. 승진은 사회에서 그만큼의 지위가 올라가는 것이기 때문에 개인적으로도 영광스러운 일이다.

그러나 우리는 승진이라는 성공의 관성을 조심해야 할 필요가 있다. 승진이라는 성공의 관성은 승진이 개인적인 능력만으로 이루어낸 것이라고 생각하기 때문에 스스로 그 승진에 자아도취가 되는 현상이다.

그런 사람들은 승진하게 되면 회사 내에서 상하좌우 사람들이 보이지 않게 된다. 본인은 앞으로의 모든 길이 탄탄하다고 여겨서 다른 사람들을 무시하는 행동을 하게 되고 앞으로도 회사에서 계속 잘나갈 것으로 착각한다. 쉽게 말하면 자기만 잘났다고 입으로만 떠드는 사람이 되는 것이다. 그런데 승진이라는 훈장은 개인의 능력만으로 성취될 수 있는 것이 아니다.

회사의 승진제도가 어떻게 움직이는지 한번 살펴보자.

승진 후보자가 되기 위해서는 당신을 아는 누군가가 당신을 추천해주어야 승진 후보자가 될 것이다. 추천이라는 것이 공식적이든 비공식적이든 승진 과정에서는 필요한 요소이기 때문이다. 그리고 당신이 승진 후보자가 되었다면 당신의 능력을 검증하는 단계를 거치게 된다. 당신의 능력은 객관적인 자료로도 검증하지만 당신의 상사가 입증해야 하는 과제이기도 하다.

당신은 인사평가 결과가 우수해서 승진이 되었다고 생각하겠지만, 그 내면에는 인사평가 결과를 우수하게 만들어 준 당신의 상사가 있었다는 것을 기억해야 한다. 이런 객관적인 자료 이외에도 승진 심사 과정에서 당신의 상사는 당신이 회사에서 유능한 인재라고 이야기했을 것이다. 아무도 당신이 유능하다고 이야기하지 않았다면 당신이 승진했을 리가 없기 때문이다.

그렇기 때문에라도 당신이 승진하게 되면 꼭 지켜야 할 것은 본인만의 능력으로 승진되었다고 생각하는 자만심을 버리는 것이다. 당신의 승진은 당신을 포함한 팀 전체의 노력을 통해서 이루어진 것이다. 당신 상사도 함께 노력했기 때문에 당신의 승진이 이루어진 것이라는 것을 당신은 꼭 기억해야 한다.

당신의 상사가 당신이 능력이 탁월하다고 판단했기 때문에 결과적으로 당신의 승진이 이루어진 것이다. 그렇기 때문에 승진했다면 스스로 자만심을 갖지 말고 먼저 상사에게 고맙다는 인사를 해야 한다. 당신의 상사가 바로 당신의 승진에 있어 기초 공사를 해 주었기 때문이다. 당신의 고맙다는 말 한마디가 상사에게는 보람을 느끼게 해 주는 단어가 된다.

35

물 마시는 것도 위아래가 있다

장유유서(長幼有序)라는 사자성어가 있다. 이 말의 의미를 모르는 사람은 없을 것이다. 그런데 말의 의미를 아는 것하고 그것을 실행하는 것하고는 다른 문제이다. 말의 의미만 아는 사람이 아니라 말의 의미도 알고 행동하는 사람이 되어야 성공이라는 목적에 조금 더 다가설 수 있게 된다.

장유유서(長幼有序)라는 사자성어의 의미는 당연히 어른을 공경하라는 의미이다. 여기서 어른이라는 의미는 나보다 나이가 많은 사람이라는 의미이지만 회사에서는 다르게 생각해야 한다.

그럼 회사에서의 어른은 누구를 의미하는 것인가? 당연히 당신이 모시는 상사이다. 당신은 현재의 조직 구성이 팀 체제이기 때문에 팀 체제에서는 상사가 조직에서의 어른이라는 의미가 무의미하다고 이야기할 수도 있다(팀 구조에서는 팀장과 팀원만이 존재한다. 선배 사원은 같은 팀원일 뿐이다). 하지만 한국의 사회적 조직 구조상 조직에서의 상하 관계는 누구도 부인 못 하는 현실이다. 당신의 상사가 당신에게는 조직의 어른이라는 점을 당신은 이해하고 받아들여야 한다.

조직에서는 나이도 중요하지만 직급이 더욱 중요한 의미를 가진다. 이를 부정하고 직급을 무시하는 행동은 회사 내에서 다른 사람들로부터 배척을 받게 되어 있다. 왜냐하면 당신보다 직급이 높은 사람들 대부분이 당신의 상사이기 때문이다. 당신이 당신 상사의 존재를 무시하게 되면 당신의 상사도 당신의 존재를 무시하게 되어 있다. 당신의 상사는 조직에서 당신보다는 조직의 기득권 세력이기 때문에 무지한 당신만 손해를 보게 된다.

조직에서의 어른의 존재를 인정하게 되면 당연히 조직 내에서의 당신의 모든 행동에서도 조직에서의 어른인 상사하고의 관계는 당연히 물 마시는 것도 위아래가 있다는 것을 인정해야 한다. 어른들하고 식사할 때, 먼저 수저를 잡거나 밥을 먹게 되면 버릇이 없다고 이야기한다. 식사할 때 예절을 지키라고 이야기하는 것이 아니다. 회사 생활에서 회사의 어른에게 지켜야 하는 예절을 지키라고 이야기하는 것이다. 지금은 사회적·문화적으로 많은 변화가 있어서 권위적인 문화를 지향하지는 않는다. 그러나 아무리 자유스러운 조직 문화라도 예절 없는 행동은 스스로 지양해야 한다.

스스로 지키는 원칙에 따라 다른 사람들이 당신을 평가한다(가정 교육의 문제라고 생각하는 사람들도 있을 수 있다). 아니라고 말하고 싶겠지만, 실제 상황이다. 당신을 평가하는 사람은 당신 상사만이 아니라 당신과 관계되는 모든 사람들이다. 당신과 관계되는 모든 사람들은 회사의 경영진에서부터 후배 사원까지 모두를 말하는데 이 모두가 생각하는 예절이 조금씩은 차이가 있기 때문에 모두를 만족시키기 위해서는 원칙적인 예절을 지키는 것이 중요하다.

　　상사를 존경하는 원칙이 마음속에 자리 잡고 있으면 예절은 어떠한 상황에서도 자연스럽게 행동으로 발현되지만, 그렇지 않다면 행동으로 발현되기가 무척이나 어렵다.

　　새로운 시대가 열리고 세계화를 지향하는 지금 현실에서는 이젠 옛이야기라고 무시할 수도 있겠지만, 이를 무시하는 당신은 아마도 계속해서 회사 생활이 어렵다는 생각이 들 것이다.

36

내가 커피를 마시고 싶을 때
상사도 마시고 싶어 한다

　사람들은 개성이 있어 생각이 다 다르지만 욕구에 있어서는 비슷한 형태를 보인다. 가장 기초적인 욕구에 있어서는 요구하는 바가 크게 다르지 않기 때문이다.

　회사 생활을 하다 보면 커피 한잔이 간절할 때가 있다. 업무를 시작하기 전에 커피 한잔이 생각날 수도 있고, 육체적·정신적으로 피로감을 느끼는 늦은 오후에 향긋한 커피 한잔이 생각날 수도 있다. 향긋한 커피 한잔이 여러분에게 활력소가 되기 때문이다. 당신이 커피 한잔이 생각나면 아마도 당신의 다른 동료들도 같은 생각을 할 것이다(커피가 아니라 녹차를 마시고 싶은 사람도 있다). 커피 한두 잔 더 타는 것은 육체적인 노동이 아니다. 아니, 너무나 쉬운 일인데 귀찮을 뿐이다. 귀찮다고 생각하지 말고 당신은 커피 한잔이 생각날 때 당신

의 커피만 타지 말고 다른 동료들의 커피까지 타 주는 능력을 가져야
한다.

다른 동료들이 커피를 마시고 안 마시고가 중요한 것이 아니라
다른 사람을 배려하는 당신의 행동에서 동료들은 작지만 마음속 깊
이 감동을 느낀다. 회사 생활을 잘하는 것은 자기만의 커피만을 생각
하는 것이 아니라 다른 사람의 커피까지도 생각할 줄 아는 사람의 몫
이다.

당신의 상사는 남을 배려하는 마음을 가진 사람이 업무적인 협조
도 제대로 잘 할 수 있는 사람이라는 생각을 가지고 있다. 작은 행동
하나가 당신의 유능함을 만들어 간다. 배려하는 작은 행동으로 당신
은 당신의 브랜드를 만들어 갈 수 있다.

37

상사와의 약속 이행은 불문율이다

약속이라는 것은 쌍방 간의 합의이다. 서로 지키지도 못할 일을 약속하지는 않는다. 약속이라는 개념은 크게 보면 계약 관계이고 작게 보면 예절 관계라고 볼 수 있다. 약속 개념의 크기와 상관없이 약속하게 되면 꼭 지켜야 되는 대상 중에 당신의 상사가 최우선이다.

회사 생활은 연속적인 상사와의 약속 과정이다. 상사와의 약속에는 업무적인 약속도 있고 업무 외적인 약속도 있다. 업무적인 약속은 보고서 마감 시간에 대한 것이 대부분이다. 보고서 마감 기일이라는 약속은 항상 마감 기일보다 빠른 시간 내에 보고서를 작성해서 제출하라고 이미 강조하였다. 단, 보고서의 질을 높이라는 부탁도 했기 때문에 업무적인 약속에 대해서는 더 이상 이야기하지 않아도 될 것 같다는 생각이 든다.

다시 한 번 강조한다면 상사에게 보고하는 당신의 보고서 작성의 마감 기일은 상사하고 약속한 마감 기일보다 항상 앞서 있다고 생각하는 것은 당신의 유능함을 인정하게끔 만드는 방법이 된다는 것을 꼭 알고 지켜야 한다.

상사와의 약속은 업무적인 약속 이외에도 업무 외적인 약속도 꼭 지켜야 한다. 당신은 상사와 이번 주말에 같이 등산을 가자고 약속할 수 있다. 그러면 죽었다 깨어나도 그 약속을 꼭 지켜야 한다. 등산 전날 회사 업무로 인하여 밤샘할 수도 있고, 고객과의 만남으로 인해서 과음할 수도 있지만 이런 핑계로 상사와의 약속을 깨서는 안 된다. 상사와의 약속의 의미를 생각해 보면 당신 상사는 나름대로 중요한 주말 시간을 당신과 약속함으로써 당신을 배려하고자 한 것이다. 당신 상사는 주말 시간에 다른 일을 할 수 있는 기회비용을 당신에게 투자한 것이다.

상사의 배려에도 불구하고 당신이 상사와의 약속을 어기는 행동을 한다면 상사는 당신의 그러한 태도를 보고 회사 업무에서도 당신을 신뢰하지 못하게 될 가능성이 커진다. 사소한 약속 하나 제대로 지키지 못하는 사람에게 회사의 중요한 업무를 맡길 수 없다는 생각을 상사는 할 수도 있다. 이렇게 사소한 약속 하나가 회사에서의 성공 기회를 만들거나 그렇지 못할 수 있다. 업무적인 약속이든 업무 외적인 약속이든 당신이 약속을 지켜야 하는 당위성이 바로 여기에 있는 것이다.

　회사에서의 당신의 이미지는 당신의 상사가 만든다. 당신의 상사는 고의든 타의든 또는 악의든 사소한 약속을 어긴 당신을 다른 사람에게 약속을 어기는 사람으로 기억되게 만들 것이기 때문이다.

상사가 화가 나 있을 때
대처법을 터득해 두라

화를 낸다는 것은 감정의 불안정성을 말한다. 화를 내고 있는 사람을 보고 공포심을 느낀다면 그것도 감정이 불안정하다는 것이다. 서로 감정이 불안정하게 움직이면 서로 간에 갈등만 증폭될 뿐이다,

서로간의 갈등은 웬만하면 만들지 말아야 한다. 서로간의 갈등을 만들지 않기 위해서는 서로 간에 배려가 필요하다. 한 사람이 화를 내고 있는 경우에 우리가 배려할 수 있는 것은 화를 내고 있는 당사자의 이야기를 들어주는 것이다. 단지 이야기를 들어주는 것만으로 상대방과의 갈등을 조절할 수 있다.

회사에서의 갈등 구조도 마찬가지다. 조금의 배려만 있다면 갈등 관계를 많이 줄일 수 있게 된다. 특히 상사와의 관계에서 우리가 대응할 수 있는 가장 적정한 방법이다.

상사가 무슨 이유에서든 화를 낸다면 당신은 상사에게 적정한 대응을 해야 한다. 당신은 상사가 화를 내든 말든 무관심으로 일관된 태도를 보여 줄 수도 있고, 마치 죄를 지은 것처럼 고개를 숙이고 아무런 대응도 안 할 수도 있고, 아예 상사가 화를 내면 사무실을 떠나서 잠시 피해 있을 수도 있다. 아니면 아예 화를 내는 상사에게 정면으로 대응을 할 수도 있다.

상사가 화를 낼 때 부하 직원들의 대응 행동은 이처럼 여러 가지가 있을 수 있지만, 상사가 화를 내는 상황에서 가장 좋은 태도는 일단 무조건 듣는 태도를 보여 주는 것이다. 상사가 화를 내는 이유가 타당치 않다 하더라도 먼저 이야기를 끝까지 듣는 태도를 가져야 한다.

경청의 태도를 가짐으로써 당신은 두 가지 효과를 가질 수 있다.

첫 번째는 상사의 화가 풀릴 것이다. 상사도 사람이기 때문에 계속 화만 낼 수는 없다. 그리고 화를 낸다는 것은 그만큼 자기의 스트레스를 해소했기 때문에 계속해서 화만 낼 수는 없을 것이다(만약 계속 화를 낸다면 정상적인 사람이 아닐 것이다). 잠시 동안이지만, 상사의 스트레스를 푸는 대상이 되었다고 감정이 상할 필요는 없다. 상사가 그렇게 화를 풀고 나면 당연히 당신에게 미안한 감정을 갖게 되기 때문인데 이는 두 번째 효과를 얻을 수 있다.

두 번째는 상사가 당신에게 미안한 감정이 생기게 된다는 것이다.

부하 직원들에게 화를 내고도 미안한 감정을 갖지 않는 상사는 없다. 더군다나 화를 내는데도 당신이 아무런 대꾸 없이 끝까지 경청한다면 더욱 미안해할 것이다. 미안한 감정을 가진 상사와 당신이 그 상황만 제대로 사용한다면, 더욱 친한 관계를 만들 수 있는 이점이 있다. 미안한 상사는 당장은 미안하다는 말을 하지 못할 수 있지만 그 미안함을 대신하기 위해서 다른 행동을 보여 준다. 괜히 친한 척하기도 하고, 음료수를 사기도 하는데 당신은 감정이 상한다고 상사의 호의(?)를 무시하지 말고 잘 대응해서 그 기회를 상사와 친할 수 있는 계기로 만들어야 한다.

이 두 가지 효과가 있기 때문에 상사가 화를 내고 있는 경우에는 조건 없는 경청을 유지하다가 어느 정도 시간이 흐른 다음에 당신의 의견을 상사에게 주장하거나 제시하는 것이 필요한 것이다.

만약 상사가 화를 내고 있는 상황에서 당신이 당신의 의견만을 주장한다면 이미 이성적인 판단을 할 수 없게 된 상사는 더욱 화를 낼 것이고 혹시나 화를 낸 다음에 미안한 감정이 있다 하더라도 당신이 괜히 밉기 때문에 당신이 말하는 의견을 묵살할 확률이 높다.

그러나 상사가 화를 낼 때 당신이 가만히 경청만 한다면 오히려 당신의 의견을 받아들일 확률이 더욱 높아진다. 회사 생활을 잘한다는 것은 이러한 관계를 잘 형성하는 것이다.

상사와 서로의 관계를 발전시키는 기초는 경청의 기술이다.

39

상사와 재테크 이야기는
낭패를 부른다

직장인들이 가지고 있는 공통적인 관심사는 재테크이다. 서울에서 10년 이상을 회사 생활을 해도 아파트 한 채 사기가 요원하다고 한다. 월급만 가지고 생활하게 되면 아이가 커 갈수록 더욱더 돈을 모으기가 어렵게 된다(월급만으로도 생활이 가능한 사람도 있다).

이런 세태를 반영하듯이 요즘 맞벌이 부부가 점점 많아지는 것은 당연하다고 할 수 있다. 결혼의 전제 조건이 직장 생활을 하는 것이라는 이야기까지 나오고 있다. 게다가 직장인들은 당장의 생활은 회사를 다니면서 받는 월급으로 해결할 수 있다고 하더라도 노년을 대비하지 못하는 것이 현실이다. 장기적인 인생 플랜에서 노년을 대비하지 못하게 되면 인생 후반에서 크게 낭패를 볼 수도 있다.

이런 여러 가지 상황 때문에 직장인들이 둘 이상만 모이면 부동

산이니 주식이니 해서 재테크 관련한 주제가 대화의 대부분을 차지하게 된다. 서로 대화하게 되면서 혹시나 좋은 재테크 관련 정보를 얻고자 하는 욕심이 항상 내재되어 있기 때문에 직장인들의 많은 대화 주제가 재테크 관련된 이야기로 가득 차게 되는 것이 지금 직장생활의 백태이다.

그렇지만 욕심이 과하면 화를 부를 수 있다. 재테크에 관심을 갖는 것은 개인의 사생활이기 때문에 누구도 잘못된 것이라고 이야기할 수 없지만, 직장생활에서 과도한 재테크에 대한 관심과 재테크 관련 정보를 얻겠다는 욕심에 모든 대화의 시작에서 끝날 때까지 재테크 이야기만 하는 것은 당신에게 위험한 적신호가 된다.

특히 당신의 상사와 대화할 때 조심해야 한다. 당신의 상사도 직장인이기 때문에 재테크에 관심을 가질 것이라는 당신의 생각이 틀리지는 않겠지만, 당신의 상사가 회사에 몰입되어 있는 사람이라면 당신의 과도한 재테크 관심으로 상사의 눈에 당신은 일은 안 하고 딴짓만 하는 직원으로 찍힐 수가 있다.

당신이 상사와 친하다고 해서 또는 좋은 의도를 가지고 상사에게 재테크 관련 좋은(?) 정보를 주기 위해서 재테크 관련된 이야기를 하겠지만, 당신의 상사는 다른 생각을 할 수 있다는 것을 항상 염두에 두어야 한다.

회사에서 친하다는 명분만으로 당신에게 재테크와 관련해서 물어보는 상사나 직원도 있을 수 있다. 이런 경우라면, 재테크와 관련해서 이야기해 주는 것이 괜찮다고 생각할 수 있지만 실상은 그렇지가 않다. 여하튼 회사에서는 다른 직원과는 재테크와 관련해서 이야기를 자제하는 것이 당신에게 이로운 일이 될 것이다.

당신의 재테크 관심사는 회사에 출근하게 되면 집에 놔두어야 한다. 혹시나 당신이 재테크를 통해서 많은 돈을 벌었다면 그 사실을 철저하게 숨겨야 한다. 재테크 성공에 대해서 많은 사람들이 축하한다고 이야기하겠지만 그들은 축하하면서도 마음속으로는 부러움과 시기심을 가질 수밖에 없다.

실제 업무에서 잘못한 것도 없는데 재테크 때문에 부러움과 시기심의 대상이 된 당신은 회사 생활이 전보다 어렵다고 느끼게 될 것이다. 당신에 대한 부러움과 시기심은 업무의 장애요인으로 바뀌게 된다.

당신의 상사가 재테크로 인하여 많은 돈을 잃어버렸다면 당신의 업무 스트레스는 더욱 커질 것이다. 같은 회사 동료인데, 설마 하겠지만 당신 상사도 사람이기 때문에 기본적인 사람의 성향을 가지고 있다. 사돈이 땅을 사도 배가 아프다는데 본인은 재테크에 실패하고 부하 직원은 재테크로 돈을 많이 벌었다면 상사가 배 아픈 것이 정상이다(그렇지 않은 상사도 많다).

상사가 배가 아픈 건 맞는데 상사가 그 이유를 당신에게 말을 안

하기 때문에 당신은 재테크 성공으로 인해서 닥친 당신의 불행 이유를 알지 못한다. 눈에 보이지 않는 이러한 상황이 당신과 상사와의 관계를 나빠지게 할 수 있다. 상사와 관계가 나빠질수록 회사 생활이 힘들어지는 것은 당신이다.

40

인사담당자와 친해지면
회사의 현황을 알게 된다

　직장인이라면 회사가 어떻게 돌아가고 있는지 관심을 가져야 한다. 최근에 회사가 관심을 가지고 있는 것이 무언인지, 회사가 지향하는 인사관리의 방향성이 어떻게 움직이고 있는지, 회사 임원들의 생각이 무엇인지, 회사의 직원들이 관심을 갖는 것이 무엇인지 등등 여러 가지 회사의 상황을 모니터링하고 알고 있어야 한다. 그래야 당신도 회사의 움직임에 따라 당신이 어떻게 의사결정을 해야 할지를 판단할 수 있기 때문이다. 그리고 회사의 상황을 잘 알게 되면 그것이 곧 정보가 된다. 그 정보를 당신의 상사와 긴밀한(?) 관계를 만드는 데 사용할 수 있다.

　그런데 문제는 당신이 아무리 회사의 상황을 정확히 알고 싶다고 해도 제대로 알 수 없다는 것이다. 혹시나 당신이 회사의 주요 부서에서 근무한다면 회사의 상황을 알 수 있겠지만, 그렇지 않다면 당신은 회사의 정확한 상황을 당연히 모를 수밖에 없다. 당신이 알 수 있는 것은 회사에서 떠돌아다니는 루머 정도일 것이다.

그래서 인사담당자를 구워삶아야 한다. 인사담당자와 친한 것 이상으로 사귈 필요가 있다. 인사담당자와 친하게 되면 회사의 상황을 알 수 있는 것 이상으로 당신에게 이익이 된다.

사실, 회사의 규정이나 제도를 제대로 잘 알고 있는 직장인들은 별로 없다. 평상시에 별로 관심이 없기 때문인데 회사의 규정이나 제도를 잘 몰라서 회사 생활을 하면서 손해를 보는 경우가 발생한다. 인사담당자와 친해지면 당신이 회사의 규정이나 제도를 몰라서 손해를 볼 수 있다는 것을 인사담당자가 친절하게도 알려 준다. 회사 생활이 편할 수 있는 환경을 만들어 주기 때문에 당신은 회사에서 손해 볼 일이 생기지 않게 된다.

당신의 입사 동기 중에 인사 부서에 근무하는 직원이 있다면 하늘이 준 기회이다. 당신은 입사 동기를 핑계로 인사 부서 직원들과 친해질 수 있는 기회가 다른 사람보다 많다고 할 수 있기 때문이다. 그냥 맨 땅에 헤딩하는 방식으로 당신이 인사담당자와 친하게 지내려고 노력했다면 그 노력이 쉽지 않다는 것을 알게 된다.

인사 부서 직원들은 경영진을 대표해서 일하기 때문에 항상 회사를 대변하는 업무를 수행한다. 물론 인사 부서의 업무가 조직에서는 양날의 칼로 비유되면서 회사 측 입장과 직원 측 입장을 균형 있게 유지하는 업무를 수행하지만, 아무래도 직원 측 입장보다는 회사 측 입장을 더 고려할 수밖에 없는 환경에 놓인 부서이다. 일반 다른 직원들도 직원보다는 회사를 먼저 고려하는 것이 인사 업무라고 생각하기 때문에 인사 부서 직원들이 어렵게 느껴지고 개인적으로도 인사 부서 직원들과는 친하고 싶은 마음이 별로 없게 된다.

인사 부서 직원 스스로도 직원들과는 어느 정도 경계를 유지하는 것이 사실이다. 인사 부서 직원들은 회사 경영에 있어 참모 역할을 수행하기 때문에 회사의 고급 정보(?)를 많이 알고 있다. 그렇기 때문에 인사 부서 직원들은 가능하면 다른 직원들과 많은 이야기를 하는 것을 꺼리게 된다(인사 부서 직원들은 항상 입조심을 해야 한다. 혹시나 취중이라도 회사의 고급 정보를 누설하면 낭패를 보게 된다. 그러나 인사 부서 직원도 사람인지라 가끔은 회사의 고급 정보를 누설하기도 한다. 중요한 것은 다른 직원들은 고급 정보라고 생각하지만 이미 회사 고급이라는 성격을 잃어버린 정보를 누설하는 것이 대부분이다).

회사의 고급 정보를 많이 알고 있는 인사 부서 직원들과 친하다는 것만으로도 다른 직원 또는 상사들은 당신도 인사 부서 직원들과 똑같이 회사의 고급 정보를 많이 아는 사람으로 인정하게 된다.

조직에서는 관리자 직급 이상이면 회사의 사정에 남들보다 밝다는 것이(고급 정보를 많이 안다는 것) 그 위치에서는 다른 사람에게는 능력 있는 직원으로 비춰진다. 그러기 때문에 당신이 인사 부서 직원과 친하게 되면 당신의 상사는 당신과 조금 더 친하려고 알게 모르게 노력한다.

인사 부서와 친해진 당신은 가끔 회사의 고급 정보(?)를 상사에게 은밀하게 전달할 필요가 있다(물론 이미 공개된 정보라 하더라고 상사가 모를 수 있다).

41

상사와의 술자리는
관계 형성의 기본이다

　사람과 사람이 친해지기 위해서는 어떤 매개체가 필요한데 술자리는 그 매개체 역할을 충분히 할 수 있는 방법이다. 그렇기 때문에 사람들은 술자리를 사람을 사귀는 장으로 활용한다. 술자리에서는 술을 잘 마시고 못 마시고가 중요한 것이 아니라 같이 사람들과 어울리고 같이 대화를 하고 서로 공유하고 소통할 수 있기 때문에 다른 사람과 친해질 수 있는 것이다. 술을 마시면서, 술에 취하면서 사람들은 진솔한 이야기를 한다. 서로에게 진솔한 이야기를 할 수 있기 때문에 술자리가 좋은 것이다(단, 너무 취하면 문제가 생길 수 있기 때문에 적당히 조절해야 한다).

　회사에서는 상사들과 술자리를 통해서 좋은 관계를 만들 수 있다. 서로 대화하다 보면 서로의 생각을 알게 되고 서로의 생각을 알게 되면 서로의 공통점을 찾을 수 있게 된다. 서로의 공통점을 찾게 되면 쉽게 다가갈 수 있는 관계로 발전할 수 있다.

상사가 퇴근 시간 무렵에 술 한잔하자고 하는 경우가 있을 것이다(별로 반가운 일은 아니다). 이 상황에서 당신은 어떻게 대응하는가? 갑자기 전화하면서 약속이 있는 것처럼 약속을 핑계로 자리를 피하는가? 아니면 상사와 함께 즐거운 마음으로 술자리를 같이하는가? 이런 상황에서의 올바른 행동은 "예"라고 대답하고 같이 술 한잔하는 것이다.

상사가 갑자기 술 한잔하자고 하면 분명히 어떤 이유가 있을 것이다. 물론 술 한잔하고 싶은데 같이 술 한잔 마실 사람이 없어서 한잔하자고 할 수 있다. 별다른 이유가 없는 술자리라 하더라도 상사와 술 한잔 정도는 같이 할 수 있는 일이다(상사를 자꾸 보게 되는 일이 많아질수록 상사와 친해지게 된다). 혹시나 상사가 술을 마시자는 이유가 있으면 당신은 술자리에서 그 이유를 잘 들어야 한다. 아마도 회사 생활을 하면서 얻게 되는 고급 정보 중에 하나가 될 수도 있고 현재의 회사가 돌아가는 상황일 수도 있다. 회사의 정보는 당신에게는 회사 생활에서의 여러 가지 판단을 하는 기반이 될 수 있기 때문에 중요하다. 상사가 술 마시자는 이유가 상사의 개인적인 고민일 수도 있다. 상사와 상사의 개인적인 고민을 같이한다면 관계 형성에서는 도움이 된다.

회사에 대한 이야기라면 회사에 대한 정보를 얻을 수 있는 기회가 될 수 있고, 개인적인 이야기라면 상사와의 관계를 특별하게 만들 수 있는 계기가 될 수 있기 때문에 상사와 술자리를 같이하는 것이 필요하다. 회사정보라면 누구보다도 회사 상황에 대해서 잘 아는 직원이 될 수 있는 기회이고, 상사의 개인 고민이라면 당신이 고민 해결에 아무런 도움이 안 된다고 하더라도 당신은 상사의 말을 들어 주는 부하 직원이라는 인식을 상사에게 심어 줄 수 있다. 고민은 들어 주는 사람이 있는 것만으로도 많은 도움이 된다는 이야기가 있다. 상사는 개인의 고민을 들어 주는 것만으로도 당신에게 고마움을 느낄 것이다.

조직에서는 높은 위치에 있으면 대중 속에서 외로움을 느낀다고 한다. 조직에서 혼자만 있는 것 같고 개인적인 이야기를 할 수 있는 대상자가 한정되어 있기 때문에 그런 외로운 감정을 많이 느낄 수밖에 없다. 당신이 상사의 고민을 들어 주는 대상자가 되는 것만으로도 상사와의 관계가 한층 더 발전되었다고 볼 수 있다.

당신이 한숨을 쉬면
상사는 걱정하기 시작한다

한숨을 쉬는 사람을 보고 있으면 분명히 무슨 걱정거리가 있을 거라는 생각이 든다. 회사에서 당신 주변에 있는 사람이 한숨을 쉬는 것을 보고 있으면 당신도 당연히 그런 생각이 들 것이다. 한숨을 쉬는 것은 좋지 못한 행동이 된다. 다른 사람에게 걱정거리를 줄 수 있다. 다른 사람의 걱정거리가 본인의 것이 아니고 한숨을 쉬는 사람의 걱정거리이더라도 그 걱정거리가 전염된다. 한숨을 쉬고 싶으면 혼자서 아무도 없는 곳에서 쉬는 것이 필요한 이유가 여기에 있다. 특히 당신이 젊을수록 한숨을 쉬는 것을 조심해야 한다. 젊은 사람이 한숨을 쉬게 되면 걱정거리의 크기가 클 것이라고 생각하기 쉽다.

회사에서도 마찬가지다. 상사는 회사 생활을 하면서 어느 날 갑자기 한숨을 쉬는 직원을 보면 그 직원이 무슨 고민이 있을 거라는 생각을 하게 된다(직속 상사가 아니더라도 그럴 것이다). 상사들은 경험적으로 평상시보다 다른 행동을 하는 부하 직원들을 보게 되면 과거 본인의 경험을 생각하면서 회사와 관계된 무슨 큰 사고를 저질 렀다고 생각한다(한숨을 쉬는 행동은 평상시 숨을 쉬는 것과는 다른 행동이다). 그래서 상사는 평상시 행동보다 다른 행동을 보이는 부하 직원들을 주시하게 된다. 평상시 활발하던 직원이 한숨을 쉰다거나 야근을 안 하던 직원이 갑자기 야근을 하거나, 별로 말이 없던 직원이 말이 많아지면 상사는 걱정하기 시작한다(조직에서 상사는 사소한 일 이 큰일로 커질 것을 항상 걱정한다. 조금은 불쌍한 존재다).

당신이 평상시 행동보다 다른 행동을 보였기 때문에 큰일이 생겼 다고 걱정을 하던 상사에게 그 걱정이 아무 일도 아니라는 결론이 나 게 되면 상사는 안도의 한숨을 쉰다(당신이 쉬는 한숨과는 성격이 다 르다). 그러고 나서 부하 직원을 다시 한 번 쳐다본다. 부하 직원에 대 한 미움이 배어 있는 시선을 가지고 말이다. 고민이 있으면 그 고민이 무엇인지 상사에게 말하면 함께 고민하고 해결해 나갈 수 있는데 아 무 이야기를 안 하니 상사는 가슴에 고통만 가중되었기 때문에 당신 을 보는 시선이 좋을 리 없다.

상사 앞에서 아무것도 아닌 것을 가지고 한숨을 쉬는 태도를 보 이지 말자. 상사에게 괜히 미움만 받게 된다.

43

보고 타이밍도 재주이다

사람은 의사결정을 하는 동안에도 이성적인 판단을 한다고 하지만 일부는 감정적인 판단이 개입된다. 상사도 사람이기 때문에 의사결정 시에 본인의 감정에 따라 판단하는 경향을 보이기도 한다.

사람은 감정에 따라 의사결정이 달라질 수 있기 때문에 회사에서 상사에게 중요한 보고를 할 때는 상사의 기분을 미리 알아보고 보고해야 할지 말지를 결정해야 하는 것이 회사 생활에서는 중요할 수도 있다. 가령 상사가 직속 상사에게 무지막지하게 깨져서 굉장히 기분이 안 좋은 상황에서는 당신은 급한 보고가 아니면 가능하면 보고 시기를 미룰 필요가 있다.

상사의 눈치를 보면서 일하라고 하는 말이 아니고, 업무적인 효율성 측면에서 고려해 볼 필요가 있다는 말이다. 감정이 안 좋은 상사에게 괜히 보고했다가 보고를 다시 하라고 한다면 실제 보고서의 품질이 좋다고 하더라도 처음부터 보고서를 다시 만드는 수고를 해야 하기 때문이다.

상사가 전날 과음했다면 이때도 가능하면 보고를 미루는 것이 좋다(회사 생활의 지혜라고 할 수 있다). 아침까지 계속 숙취 때문에 괴로워하는 상사에게 보고하게 되면 상사는 가뜩이나 숙취 때문에 머리가 아픈데 골치 아픈 보고를 받게 되면 머리가 더 아플 수밖에 없다. 당연히 상사는 괜히 신경질 낸다(사람은 감정의 동물이다).

이런 상황에서는 아침에 보고하는 것보다는 오후에 보고하는 것이 회사 생활을 잘할 수 있는 Tip이 된다. 아무래도 오후에 보고하게 되면 숙취가 어느 정도 해소된 상사는 아침보다는 맑은 정신으로 보고를 받고 판단하기 때문에 이성적인 판단을 할 수 있게 된다.

보고 시기는 업무가 가장 효율적으로 판단될 수 있는 시기를 선택해서 하는 것이 회사의 비용을 절감할 수 있는 최적의 방법이 될 수 있다는 것을 알고 행동으로 옮기는 지혜가 필요하다.

44

동료들에게 상사의 칭찬을 자주 하라

칭찬을 받아서 기분 나쁜 사람은 없다. 남이 나를 칭찬하는 소리를 간접적으로 듣게 되도 기분이 좋아진다. 칭찬은 사람을 기분 좋게 만들어 활기찬 사람으로 만들어 준다.

기본적으로 한국 사람들은 칭찬하는 것에 인색하다. 지금의 젊은 세대는 안 그럴지 몰라도 대부분 어느 정도 나이가 있는 한국 사람들 중에 특히 남자들이 남을 칭찬하는 데 인색하다.

남을 칭찬할 줄 몰라서 칭찬을 안 하는 것이 아니라 괜히 쑥스러운 마음에 표현을 못 하는 경우가 다반사이다. 그래서 그런지 최근에 많은 기업에서는 칭찬하는 프로그램을 공식적으로 만들어서 운영한다. 사소하지만 회사에서 모범이 될 만한 행동을 하게 되면 의식적으로 칭찬해 주는 프로그램인데, 굳이 말로 표현하지 않아도 칭찬 카드라는 것을 만들어 글로써 상대방을 칭찬하는 프로그램을 운영한다.

세대가 변해서 칭찬할 필요성을 느끼기도 하지만, 실제 회사 생활에서도 칭찬은 사람을 동기부여시키는 역할을 하기 때문에 조직 활성화 측면에서 필요한 프로그램이다.

당신은 자주는 아니겠지만, 당신의 직속 상사를 칭찬하고 싶어지는 경험이 있을 것이다(칭찬이라는 것이 꼭 윗사람이 아랫사람에게 한다는 고정관념을 깨야 한다. 아랫사람이 윗사람한테도 충분히 칭찬할 수 있다). 물론 상사를 칭찬하고픈 생각이 전혀 없는 직원도 있다. 이런 직원들은 현재 상사와의 관계가 무척이나 나쁜 사람이기 때문에 관계 개선을 위해서 방법을 강구해야 한다.

상사를 칭찬하고픈 생각이 드는 경우는 상사의 능력이 탁월하다고 느껴질 때일 것이다. 당신이 며칠을 고민하고 고민하는 문제를 순식간에 해결하는 모습을 본다거나, 직원의 개인적인 문제인데도 자신의 문제인 것처럼 후배 사원을 배려하고 같이 고민하거나, 항상 후배 사원들이 회사 생활에 잘 적응하도록 도와주는 모습을 본다면 당신은 그런 행동을 하는 상사를 칭찬하고픈 생각이 들 것이다.

중요한 것은 당신이 그런 생각이 들면 언제든지 상사의 칭찬을 그 즉시 다른 직원들에게 해야 한다는 것이다. 상사를 칭찬하고픈 생각이 날 때 꼭 그 즉시 해야 하는 것이 옳은 것인지 의문이 들겠지만, 사람은 시간이 흐르면 기억을 제대로 못 하기 때문에 그 기억이 남아 있는 동안에 바로 다른 직원들에게 상사를 칭찬해야 한다. 그래야 상사를 칭찬하는 횟수도 늘어날 수 있고 나중에 하겠다는 생각을 하게 되면 괜히 쑥스러운 마음에 상사를 칭찬하는 것이 어렵게 느껴질 수도 있기 때문에 더욱 못 하게 되는 경우를 만들지 않게 된다.

상사를 칭찬하는 횟수가 많아지게 되면 상사를 남들 앞에서 칭찬하는 것이 습관이 될 수 있다. 그리고 회사에서 부하 직원이 상사를 칭찬하는 것이 그리 흔하지 않기 때문에 그런 칭찬을 하는 당신에 대해서 누구나 당신을 긍정적인 사람으로 인식하게 된다.

상사를 칭찬하는 것도 상황에 따라서는 기술이 필요한 작업이다. 사무실에서 상사를 다른 직원들에게 자랑하고 있는데 눈에 보이지는 않지만 느낌상으로 상사가 옆에 있다고 느껴지면 일부러 큰 소리로 상사를 칭찬해야 한다. 상사를 칭찬하는 경우가 드물다 하더라도 상사가 옆에 있을 때 상사를 다른 사람에게 칭찬하면 당연히 상사는 기분이 좋아질 수밖에 없다. 그리고 그 상사는 당신을 매번 다른 직원들한테 본인을 칭찬하고 다니는 직원으로 알게 된다.

남들 앞에서 칭찬받을 때 좋아하지 않는 사람은 없다. 더군다나 자기와 같이 일하고 있는 부하 직원이 칭찬하게 되면 다른 직원들이 능력 있는 상사로 보기 때문에 더욱 기분이 좋아진다.

이제 상사는 당신을 사랑할 수밖에 없다.

45

회사의 무거운 짐을 나르는 데 먼저 나서라

회사의 업무는 여러 종류가 있다. 몸으로 때우는 사소한 업무부터 머리를 써야 하는 중요한 업무까지 여러 업무가 있다. 회사에 갓취직하게 되면 회사의 여러 업무 중에서 가장 사소한 업무를 시키는 것이 일반적이다.

사소한 업무부터 시작해야 한다는 당위성에 대해서 신입사원들은 불만을 제기하고 반발한다. 물론 처음부터 반발하는 것은 아니지만, 일정 기간이 흐르고 나면 회사 생활에 회의를 느끼게 된다. 신입사원들은 대부분 회사 생활의 시작이 대학교를 졸업하고 나서부터이다. 대학교 생활에서 최소한 4년 이상을 교육받고 졸업한다. 최소한 4년 이상을 고급 교육을 받고 회사 생활을 시작하다 보니, 회사에서의 사소하고 자질구레한 업무는 본인이 해서는 안 되는 것으로 생각한다. 그러한 생각 때문에 사소하고 자질구레한 업무를 맡게 되면 스스로 고민하고 이직을 고려한다. 이직을 한다 해도 같은 업무를 하는 것은 마찬가지인데 이러한 상황을 잘 모르는 것이 문제가 된다.

회사에서 사소하고 자질구레한 업무를 갓 들어온 사람한테 시키는 이유가 있다. 아직 학교 때를 못 벗었기 때문에 아무래도 입사하게 되면 학교 때를 벗기는 시간이 필요하다. 그 시간을 주기 위해서 사소한 업무를 일정 기간 시키는 것이다. 그리고 회사 생활에 적응이 덜 되었기 때문에 사소한 업무를 하는 동안 시간적 여유를 가지고 회사 생활에 빠르게 적응하라고 일정 기간을 두는 것이다.

그리고 그 사소한 업무는 누군가는 해야 한다. 그렇다고 당신의 상사가 그 일을 할 것이라고 기대해서는 안 된다. 당신의 상사는 이미 회사 생활에 적응한 상태이고 학교 때는 이미 오래전에 씻었기 때문에 사소한 업무보다는 머리를 쓰는 중요한 업무를 하는 것이 맞다.

회사에서의 사소한 업무도 여러 가지가 있다. 커피 심부름부터 회사 비품을 나르는 일까지 정말 여러 가지다. 당신에게 커피 심부름을 시키고 회사 비품을 나르라고 한다면 당신은 과연 기쁜 마음을 가지고 그 일을 할 것인지 고민하게 되겠지만, 당신은 기쁜 마음을 가지고 그 일을 해야 한다.

당신이 하는 그 사소한 업무에 열정을 다 한다면 당신은 머리를 쓰는 업무를 다른 사람보다 빨리 맡게 된다. 사소한 업무를 통해서 당신 자신을 차별화할 수 있는 것이다.

이제 일반적인 사무실 환경을 한번 들여다보자. 사무실에 앉아 있다 보면 당신의 상사가 무거운 짐을 혼자서 끙끙대며 나르는 것을 보게 되는 경우가 있다. 이런 상황에서 당신은 어떻게 행동하는가? 못 본 척하고 컴퓨터 모니터에 집중하는 척하는가? 아니면 벌떡 일어나 상사에게 뛰어가서는 그 짐을 대신 들어 주는가?

요즘 후배 사원들은 무거운 짐을 나르고 있는 상사를 보더라고나 몰라라 하고 있는 직원들이 대부분이다(물론 그렇게 행동을 하지 않는 후배 사원들도 많다). 새로 입사한 신입사원들이 가장 밉게 보이는 경우가 이런 경우이다. 상사는 무거운 짐을 나르느라고 땀을 뻘뻘 흘리고 있는데도 본체만체하는 후배 사원들을 보고 있으면 세상이 좋아졌다는 이야기가 새삼 떠오른다. 그래서 후배 사원들을 불러놓고 이야기해도 그때뿐이라는 인상이 지워지지 않는다.

회사에서의 성공은 남과 다른 차별화가 필요하다는 이야기를 너무 많이 한 것 같아 이제는 부담스럽다. 가치가 없어 보이고 회사에서 아무도 알아주지 않을 것 같은 일을 찾아서 하는 것이 남과 다른 차별화이다. 아무도 그 일을 안 하려고 하기 때문에 당신에게는 기회가 되는 것이다.

상사가 무거운 짐을 나르고 있는데도 빤히 쳐다보고는 못 본 척하지 말고, 그 짐을 대신 짊어질 수 있는 용기가 필요하다. 시대가 바꿰어서 새로 입사한 사람들의 성향을 잘 파악하고 회사가 오히려 직원들의 성격에 맞추어야 한다는 말도 있지만 시대가 변해도 안 변하는 진리는 있다.

상사가 지금의 상사 위치가 된 것은 다른 사람들이 무거운 짐을 지고 있을 때 적극적으로 도와주는 그 태도가 있었기 때문이라는 진실은 변하지 않는 진리이다.

46

상사가 트집을 잡는다고 느껴지면
당신에게 불만이 있는 것이다

아니 땐 굴뚝에서 연기가 날 수가 없다. 행동의 결과는 그 행동을 하게끔 하는 원인이 있다. 어느 날 잘못도 없는데 상사가 괜한 트집을 잡는 것은 당신이 무언가 상사에게 잘못 보인 것이 있는 것이다. 그럴 때는 내가 상사한테 잘못 보인 점이 무엇인지 파악하는 것이 중요하다. 상사가 괜히 성질낸다고 혼자 분을 삭이지 말고 그 근본적인 원인을 찾아 고치는 것이 중요하다. 상사한테 꽁한 마음을 가지고 직장 생활을 하면 결국에는 당신에게만 손해가 된다.

자, 이제 최근에 상사하고 같이 있었던 기억을 되살려 보자. 바로 어제 일부터 생각해 보자. 어제 저녁 술자리에서 무의식적으로 상사의 비위를 상하게 한 말이나 행동을 안 했는지 생각해 보자. 또는 그저께 다른 직원들은 다 야근하는데 약속이 있다고 먼저 퇴근하고 나서 아무도 모르게 당구장에 가서 당구를 치지 않았는지도 생각해 보자.

이제 생각이 나는가? 생각이 났다면 상사하고 이제 대화를 해야 한다(이럴 때는 상사와 점심식사를 같이 하는 것도 방법이다. 오천 원으로 회사 생활이 다시 편해진다면 투자할 가치가 있지 않은가?). 그리고 상사에게 진심 어린 사과를 해야 한다.

너무 비위가 상하는 이야기라는 생각이 드는가? 그럼 계속해서 상사하고 좋지 않은 관계를 유지하는 선택을 하기 바란다. 결국 손해를 보는 것은 항상 당신이 될 것이다.

상사한테 잘못한 점이 있다면 잘못한 점이 무엇인지를 찾아내고 그 문제를 상사와 해결하는 것이 중요하다. 그런 태도가 항상 상사하고 좋은 관계를 유지할 수 있는 밑바탕이 되는 것이다.

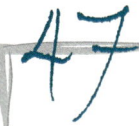

동료에 대한 험담은 나에게 돌아온다

성공의 사다리를 튼튼한 동아줄로 만들 것인지 썩은 동아줄로 만들 것인지는 당신의 행동에 달려 있다.

성공을 하기 위해서 모든 나쁜 행동을 하게 되면 결국 그 나쁜 행동의 결과가 당신에게 돌아올 뿐이다. 성공을 위해서 후배 사원을 짓밟고, 동료들을 험담하고, 상사의 약점을 찾아서 공개하는 행동들은 절대로 정당성을 가질 수 없다.

성공의 튼튼한 동아줄은 원칙과 도덕성에 근거해야 한다. 당신의 묘비에 부끄럽지 않은 문구를 새겨야 한다는 의무감에 근거해서 당신은 성공을 추구해야 한다.

그러나 한번 주변을 둘러보자. 매일 신문에서는 사술과 모략으로 성공한 사람이 추락하는 기사가 나와 있다. 회사에서도 대화를 하다 보면 왜 이렇게 나쁜 놈이 많은지 서로가 서로를 험담하는 내용이 다분히 많다. 남을 험담하게 되면 험담하는 사람의 가치가 올라갈 것 같지만 그 반대이다. 남을 험담하는 사람은 그 험담 때문에 스스로 실패의 구덩이에 빠지게 된다.

만약 당신이 다른 동료를 험담한다고 가정해 보자. 당신이 험담하는 직원이 단기적으로는 결점이 많은 사람으로 낙인찍힐 수도 있지만, 결점이 많은 것은 스스로 노력해서 충분히 고칠 수 있다. 오히려 험담하는 당신이 장기적으로 절대 믿지 못하는 직원이 된다. 당신의 상사는 남의 잘못을 다른 사람에게 이야기하는 당신을 보면서 무섭다는 생각을 하게 될 것이기 때문이다. 내가 없는 자리에서 다른 직원들에게 나의 험담을 볼 수 있는 가능성이 충분한 부하 직원이라고 생각하게 된다.

또한 동료의 험담을 자주 이야기하는 당신 때문에 상사는 당신과 같이 있게 되면 다른 직원들의 시선을 의식하게 된다. 남의 잘못을 자주 이야기하는 당신하고 대화하는 것을 보고 다른 직원들이 당신과 똑같이 남을 험담하는 사람으로 인식하게 될 것을 상사는 걱정하게 된다. 그래서 상사는 언제부터인가 당신과의 대화를 의식적으로 피하게 된다. 상사마저도 외면하는 당신을 다른 동료 직원들도 같은 동료로서 당신을 생각하지 않게 된다.

동료들은 당신을 기회주의자로 생각하게 되고, 대화의 장에서 항상 당신을 배제하게 된다. 결과적으로 조직 내에서 왕따가 되는 것은 당신 자신이 뿌린 씨앗이므로 당신이 거두어들여야 한다. 당신 스스로 회사의 일원으로서 같은 회사의 동료로서 다시 태어나도록 노력해야 한다. 당신에게 그 노력은 너무나도 힘든 과정이 될 것이다.

농부가 농사를 짓다가 실패했다고 치자. 그 농부가 처음부터 다시 제대로 된 농사를 짓기 위해서는 많은 시간과 노력이 필요하다. 많은 시간과 노력도 필요하지만 농사를 짓기 위해서는 농사에 맞는 환경도 따라 주어야 한다. 그렇기 때문에 처음부터 제대로 된 씨를 뿌리는 것이 중요하다. 제대로 된 씨를 뿌리고 거두는 것이 상사와의 관계를 좋게 할 뿐만 아니라 회사에서도 성공의 기반이 되는 것이기 때문이다.

남을 험담하기 전에 자신의 잘못을 보는 습관을 갖는 것이 중요하다. 남을 험담한다는 것은 무언가 불만이 있다는 이야기이다. 그리고 불안하다는 증거이다.

불만이 있다면 왜 그 불만이 왜 생겼는지 자기반성이 필요하다. 그 불만이 스스로 만들어 낸 것이라면 스스로 생각하고 반성해서 없애야 하고, 다른 사람으로부터 생긴 불만이라면 그 사람과 대화해서 없애야 한다.

무언가 불안정하다면 실력을 키워야 한다. 실패에 대한 불안 때문에 감정적으로 불안감을 느끼게 되는데 그것은 본인이 능력을 키우고 그 능력을 인정받게 되면 사라지게 된다.

모든 잘못은 나로부터 생긴다고 생각하면 남을 험담하는 일은 생기지 않는다.

업무 시간에 자리를 지키는 습관이
나를 보존케 한다

회사 업무 시간에는 되도록이면 자리에 앉아 있는 습관이 필요하다. 회사의 업무라는 것이 정형화되고 매뉴얼화되어 있다고는 하나, 많은 경우에 수명 업무(갑자기 상사가 지시하는 업무)가 돌발적으로 발생하기 때문에 항상 돌발 사태에 대비하기 위해서는 최소한 업무 시간만큼은 자기 자리를 지킬 필요가 있다.

오해는 하지 마라. 자기 자리를 지킨다는 의미가 급한 볼일조차 보지 말라는 의미는 아니다. 직장인들은 대부분의 시간을 회사에서 보내기 때문에 개인적인 볼일이 있을 수 있다. 업무 시간이더라도 필요하다면 개인적인 용무를 볼 수는 있다. 개인적인 용무로 자리를 비우는 경우에는 본인이 무슨 일 때문에 어디를 가야 한다고 분명히 당신의 상사에게 이야기하면 아무런 문제가 되지 않는다.

문제는 상사에게 아무런 보고도 없이 자리를 비운다는 사실이다. 재수가 없게도, 당신이 자리를 비울 때마다 긴급한 업무 처리가 생겨서 상사가 당신을 찾게 되는 경우가 발생할 수 있다. 상사가 아무리 찾아도 당신이 어디에 있는지 아무도 모르기 때문에 당신은 긴급한 업무에서 면제받게 된다. 핸드폰이 있는데 무슨 상관이냐고 이야기하겠지만, 이런 경우에 상사가 아무리 핸드폰으로 전화를 해도 당신은 받지 않는 것이 일반적이다. 상사는 이제 짜증이 나게 된다. 급하게 처리해야 할 업무가 있는데 일을 도와줄 당신은 보이지 않고 어쩔 수 없이 마음속으로 당신을 욕하면서 긴급한 업무를 처리한다.

　재미있는 것은 상사의 업무가 마무리되어 갈쯤에 당신이 나타난다는 것이다(영화에서 경찰은 항상 사건이 마무리가 되면 나타난다). 상사는 짜증을 내면서 사무실에서 자리를 비울 경우에는 어디에 가는지 이야기하라고 당신에게 강력하게 명령조로 이야기하게 된다. 상사의 그런 말에 순응하는 당신이었으면 애초부터 자리를 비우는 경우에 상사에게 보고했을 것이지만, 당신은 상사의 명령에 가까운 이런 말에 꿈쩍도 하지 않고 한 귀로 흘리게 된다. 설령 당신이 그 당시에는 상사의 이야기를 귀 담아 듣는 척을 해도 한 삼 일만 지나면 다시 기억에서 지워 버리고 예전의 생활로 돌아가게 된다. 역시 아무도 자리를 비운 당신을 찾을 수 없게 되고 핸드폰은 받지도 않는 악순환이 되풀이된다. 이제 당신은 상사의 눈 밖에 날 수밖에 없다.

다시 강조해서 말하지만, 상사의 눈 밖에 나는 이런 상황을 만들지 않기 위해서 당신이 업무 시간에 자리를 비울 때는 항상 옆에 동료 또는 상사에게 어디에 가는지를 명확히 알릴 필요가 있다. 이미 당신이 무슨 일로 자리에 없는지를 알고 있는 상사는 급하다고 당신을 찾는 것이 아니라 그 상황에 맞게 의사결정을 할 수 있기 때문에 당신에게 더 이상 화를 내지 않게 된다. 자리를 비울 때는 항상 주변 사람들에게 어디에 가는지 이야기하는 것이 직장 예절이다. 이 직장 예절은 직장인들이 가장 지키지 않는 행동 중 하나이다. 이상하게도 왜 직장인들이 자리를 비울 때 다른 동료들에게 어디에 간다고 이야기를 안하는지 그 이유를 알 수가 없다.

직장에서 해야 하는 당신의 역할에서 가장 중요한 업무는 당신 상사의 업무를 돕는 것이다. 당신이 당신의 이러한 역할을 제대로 알고 있다면 상사에게 도움이 되고 자신에게도 도움이 되는 직장 예절을 분명히 지키게 될 것이다.

상사가 같은 말을
두 번 이상 하게 하지 마라

업무를 하다 보면 상사에게 같은 지시를 두 번 이상 하게끔 만드는 부하 직원들이 있다. 사람은 같은 말을 두 번 이상 하게 되면 짜증이 나는 것이 당연하다. 그렇지만 당신의 상사는 짜증이 나더라도 겉으로는 표현하지 않는다. 상사는 겉으로 짜증을 낼 필요가 없다고 생각한다. 이미 같은 말을 두 번 이상 반복하게 만드는 부하 직원에게 상사는 더 이상 신뢰도 없고 미련도 없기 때문에 짜증을 낼 필요가 없다고 판단한 것이다.

상사에게 두 번 이상 지시를 하게끔 만들지 않으려면 상사가 지시할 때 상사의 말에 집중해야 한다. 물론 상사의 말이 어눌해서 잘 들리지 않는 경우도 있을 수 있다. 이런 경우라도 최대한 집중해서 상사의 말에 귀 기울여야 한다. 최대한 귀를 기울였는데도 말이 잘 안 들리면 최대한 정중하게 다시 한 번 지시해 줄 것을 요청해야 한다(말이 어눌한 상사는 본인도 말이 어눌하다는 것을 알고 있기 때문에 당신의 요청에 기꺼이 다시 지시할 것이다). 업무는 명확성이 있어야 같은 일을 반복해야 하는 일을 사전에 예방할 수 있다.

상사의 지시 관계에서 우리가 관심을 가져야 하는 것은 업무에서의 집중력은 관심에서부터 출발한다는 것이다. 상사에게 관심을 가지고 나의 업무 능력을 키워주는 사람이라고 믿으면 상사가 하는 말이 정확하고 명확하게 들린다.

반대로 상사에게 별로 관심이 없거나 상사가 무능력하다고 믿게 되면 상사가 하는 말이 불명확하고 잘 들리지 않게 된다. 그러면 상사는 같은 지시를 두 번 이상 할 수밖에 없다. 당신은 상사의 능력에 대해서 의심이 들 수도 있지만, 당신의 상사는 그냥 아무 노력 없이 그 지위에 오른 것이 아니라는 사실을 알고 있어야 한다.

상사의 능력에 대해서 판단하기 전에 생각해 보아야 할 것은 상사가 지금의 위치에 있는 것은 분명 장점이 있기 때문이라는 것이다. 당신은 다른 사람들이 높이 평가한 당신 상사의 장점을 발견하고 배우려고 노력해야 한다.

당신이 가지고 있는 상사에 대한 평가보다는 다른 여러 사람들이 가지고 있는 당신 상사의 평가가 더욱 객관적이다.

다시 말하면 당신 상사는 분명 당신이 모르는 능력을 가지고 있기 때문에 당신의 섣부른 판단으로 상사를 평가해서는 안 되고 상사가 가지고 있는 바로 그 능력을 당신 것으로 만들기 위해서 노력해야 한다. 당신 상사의 능력은 조직에서 인정한 능력이기 때문에 당신이 조직에서 성공하기 위해서는 필요한 능력이다.

상사가 무능력해서 신뢰가 가지 않는다고 생각하는 당신은 조직에서 큰 위험에 빠질 수도 있다. 당신이 상사의 말을 무시한다고 당신의 상사가 느끼는 순간 당신은 조직 내에서 아군보다는 수많은 적군 속에 포위되는 것과 같은 위험에 빠지게 된다. 아무리 능력 없는 상사라고 해도 회사 내에서는 당신보다 많은 아군이 있을 것이다(회사에서의 경력은 그냥 있는 것이 아니다). 입사 동기부터 친한 선후배 등 많은 동료들이 당신보다는 상사를 지지해 줄 것이다.

많은 동료들과 좋은 관계를 유지하는 당신의 상사는 당신에게 무시당한다고 느끼게 되면 당신에 관해서 사람들에게 좋게 이야기할 리가 없다. 무시당한 만큼 상사는 당신에게 돌려주려고 할 것이다.

상사가 가지고 있는 당신에 대한 평이 사실이든 아니든 회사의 동료 대부분은 일단 당신 상사의 말을 듣고 당신에 대해서 좋지 않은 선입관을 가질 수밖에 없다. 이러한 결과는 결국 당신의 책임이다. 당신의 태도가 한 명의 상사가 아니라 많은 상사와 회사의 동료들을 당신의 적으로 만드는 결과를 만들어 낸 것이다.

50

안 된다는 말보다는
할 수 있다는 말을 습관화하라

세상에는 두 부류의 사람이 있다. 할 수 있다는 생각을 가진 긍정적인 사람과 할 수 없다는 생각을 가진 부정적인 사람이다.

어떤 일이든 할 수 있다고 생각하는 긍정적인 사람은 열정이 가득한 사람이다. 아무리 어려운 일이라도 본인이 노력하면 그 일을 해결할 수 있는 사람이다. 일에 대한 끈기가 있고 절대 실패에 굴복하지 않는다. 회사에서 원하는 인재상이다.

무슨 일을 해도 안 된다고 생각하는 부정적인 사람은 매사에 부정적이고 사물이나 사건을 비뚤어진 시각으로 본다. 일을 함에 있어서도 개인적인 이익이 되지 않는 일은 하지 않으려는 본능에 충실한 사람이다. 회사에 이런 부정적인 사람이 많으면 회사의 영속성이 요원해진다. 회사는 절대 이런 유형의 사람을 뽑지 않기 위해서 최선을 다

한다.

그럼 당신은 어떤 유형의 사람인가? 어떤 일이라도 할 수 있다는 강인한 정신을 가지고 있는 사람인가 아니면 일을 함에 있어 그건 내 일이 아니라는, 그래서 할 수 없다고 생각하는 부정적인 사람인가. 스스로 생각해 보고 긍정적인 사람이라면 그 긍정적인 사고를 잃지 않기 위해서 노력해야 하고 부정적인 사람이라면 당신의 태도를 바꾸어야 한다.

이제 상사와 당신의 관계에서 두 유형이 어떻게 행동하는지를 살펴보면서 당신의 태도를 점검해 보자. 회사에서는 무조건 안 된다는 말보다는 일단 해보겠다는 말이 더 설득력 있고 당신의 자신감을 돋보이게 한다.

긍정적인 사람들은 상사의 지시를 듣는 순간 결과에 연연하지 않고 자신의 능력을 키울 수 있는 기회라고 생각한다. 그래서 아무리 어려운 과제가 주어져도 먼저 해보겠다는 말을 하는 것이다. 그리고 실제로 어렵다는 과제를 성공적으로 수행한다.

부정적인 사람들은 상사의 지시를 듣는 순간 이건 이래서 안 되고 저건 저래서 안 된다고 한다. 이런 사람들에게는 과제가 주어져도 시간만 허비하는 것이 된다. 결과를 내놓지 못하고 결국에는 일에 대해서 자신감을 가지고 있는 긍정적인 사람들에게 다시 업무가 돌아가게 되는 결과를 만들어 낸다.

당신의 상사가 일을 지시하는 행동을 가만히 지켜보자. 당신의 상사는 일을 맡길 때 평상시 업무를 잘하는 사람에게 더 많은 일을 준다(일을 잘하는 사람은 항상 긍정적이다). 그리고 평상시 업무를 잘 수행하지 못하는 사람에게는 일을 덜 주게 된다(항상 부정적으로 일을 하는 사람이다).

일을 잘 수행하지 못하는 사람은 업무가 적다고 마음속으로 좋아할지 모른다(대부분이 좋아한다). 그러나 시간이 흐르고 나면 업무를 잘하는 사람은 조직 내에서 인정받고 더욱 중요한 사람이 되고, 업무를 잘 못해서 일이 적다고 좋아했던 사람은 어느 순간부터 조직 내에서 안 보이게 되는 것이다.

당신의 상사는 일을 진행하기 위해서 일단 해보겠다고 한 사람과 안 된다고 한 사람 모두에게 일을 맡기게 된다.

그러나 일의 결과가 좋지 않았을 경우에 긍정적이고 자신감이 있는 사람은 용서가 되고 매사에 부정적인 사람은 용서받기가 힘들어진다. 긍정적이고 자신감 있는 직원에게는 일의 결과보다도 그 일에 대한 경과와 노력에 대해서 보상해 주려고 하기 때문이다. 일단 해보겠다는 긍정적인 자신감을 가진 사람은 실패를 해도 용서가 된다. 해보겠다는 자신감은 조직의 성장에 디딤돌로 작용할 것이기 때문이다.

이는 당신의 상사들이 너무나도 잘 알고 있는 살아 있는 조직의 진리이다.

51

점심시간은
정보를 획득할 수 있는 기회이다

당신은 점심식사를 누구하고 같이 하는가?

점심식사는 인맥을 넓힐 수 있는 좋은 방법이다. 어떤 책에서는 인맥을 넓히기 위해서 아는 사람보다는 인맥을 맺고 싶은 사람하고 같이 식사하라고 한다. 매일 점심식사를 같은 사람이 아닌 다른 사람과 하라고 조언하고 있는 것이다.

그런데 회사를 다니는 직장인에게는 어려운 과제가 될 수 있다. 점심식사 시간은 1시간으로 한정되어 있고 인맥을 맺고 싶은 사람이 지리적으로 멀리 떨어져 있다면 시간적 제한 때문에 같이 식사하기가 힘들어진다. 그리고 정서적으로도 아무리 인맥을 맺고 싶다 하더라도 그 상대가 생면부지인 사람이라면, 그리고 너무나도 유명한 사람이라면 만나기조차 힘든데 같이 식사하기는 더욱 어려운 일이 된다(그렇지만 이 어려운 사람하고도 식사를 같이 하는 열성적인 사람도 있다).

점심식사를 누구하고 할 것인가에 대해서 직장인들에게 한 가지 제안을 하고자 한다. 어차피 회사 내 동료들과 식사할 것이라면 가능하면 당신의 상사하고 식사를 하기 바란다. 당신의 당사와 식사하게 되면 최소한 회사가 어떻게 돌아가는지는 알 수 있게 된다.

회사는 항상 변하는 유기체이다. 유기체적인 성격을 가지고 있기 때문에 회사는 항상 변화를 추구한다. 그러한 변화 때문에 회사가 어떻게 돌아가고 있는지 직원 입장에서는 알고 있어야 하는데, 회사에 대한 정보를 정확히 아는 것은 쉽지 않은 일이다. 게다가 당신이 회사에서 직급이 낮은 쪽이라면 더욱 회사에 대한 정보를 알기가 어렵게 된다. 회사에 대한 정보를 알고 싶다면 당신은 당신보다 직급이 높아서 회사에 대한 정보를 많이 알고 있는 당신의 상사를 이용해야 한다 (나쁜 의미의 이용이 아니다).

당신의 상사는 당신보다 조직에서 오래 근무하였고 다른 상사와의 친분 관계도 있기 때문에 당신이 모르는 회사정보를 알고 있을 확률이 더 높다. 아무리 당신의 직속 상사라고 해도 당신이 직접적으로 회사에 대해서 물어보면 제대로 알려주지 않을 수 있다.

상사가 권력지향적이라면 회사정보를 아는 것이 자신의 권력이라고 생각하기 때문에 당신에게 알려주지 않을 수도 있고 당신이 선택한 장소 문제 때문에 알려주지 않을 수 있다. 회사 내에서 다른 직원들의 귀가 열려 있는 장소에서는 상사가 당신에게 회사정보를 알려주기가 어렵다. 다른 직원들이 행여나 들을 수도 있는데 그 내용을 들은 직원이 잘못 오해하거나 아니면 그 내용을 부풀려서 회사 내에서 떠들고 다닐 수도 있기 때문이다. 당신의 상사가 회사에서 괜한 오해를 받을 수 있는 상황이 발생할 수도 있다. 그래서 항상 회사 내에서는 입조심이 필요한 것이다.

이러한 환경에서 당신이 선택할 수 있는 방법이 단순하지만 상사와 점심식사를 같이 하는 것이다. 식사를 하면 일반적으로 사람은 긴장을 풀게 마련이다. 심리적으로 사람은 먹을 때 가장 긴장감이 약해진다고 한다.

당신의 상사가 권위적이라고 해도 점심식사 때만큼은 유연해지게 되어 있다. 회사 내에서 물어보는 것보다 점심식사를 하면서 물어보는 것이 유리한 이유가 여기에 있다. 상사가 덜 권위적일 때 그리고 주위에 아는 사람이 아무도 없는 당신과 단둘이 있는 식사 자리에서 당신은 회사에 대해서 궁금했던 것을 상사에게 물어볼 수 있고 정보를 확보할 수 있게 된다.

상사 역시 당신을 우리 편으로 생각하고 있기 때문에 또는 우리 편으로 만들려고 하기 때문에 당신이 궁금해하는 회사의 정보에 대해서 알려주게 된다. 그렇기 때문이라도 이제부터는 절대로 식사를 혼자 하지 말고 가능하면 상사와 같이 하도록 노력해야 한다.

상사의 지시는 그 자리에서
명확하게 이해하도록 하라

상사가 지시한 내용을 명확하게 이해하고 정확하게 일을 해야 한다. 회사에서는 상사의 지시 내용을 잘못 이해하게 되면 그 자체가 비용이 된다. 한 번만 해도 되는 일임에도 상사의 지시 내용을 잘못 이해하게 되면 두 번 이상 일을 하게 되는데, 두 번 이상 일을 한다는 것은 당신의 시간당 인건비 수준을 넘어서는 비용 발생이 되는 것이다.

회사마다 프로세스 개선을 통해서 비용을 절감하려고 애를 쓰고 있지만, 실제로 비용이 발생하는 업무 개선이 아니라 형식에 치우쳐서 그 형식에 비용을 투자하고 있는 것이 현실이다. 프로세스 개선을 너무나 확대해서 생각하다 보니 발생하는 일인데 프로세스 개선이라는 것은 업무를 어떻게 효율적으로 할 것인가에 대해서 실제 업무에서 개선점을 찾아야 한다.

상사는 명확하게 업무 지시를 해야 하고, 부하 직원은 명확하게 업무를 이해하는 것이 진정한 프로세스 개선의 시작점이 될 수 있다. 두 번 이상 해야 하는 반복적이고 짜증 나는 업무 대신에 조금 더 생산적이고 창의적인 업무에 시간을 투자하는 것이 프로세스 개선이다.

업무에 대한 지시를 명확하게 말하고, 명확하게 이해하는 데 있어서도 통제 불가능한 환경이 있다. 바로 사람의 말하는 태도와 말하는 방식이 통제 불가능한 요인이 될 수도 있다. 사람마다 말하는 습관이 다르기 때문에 어떤 상사의 말은 제대로 알아듣기 힘든 경우가 있다. 사람마다 말하는 습관이 다르다는 것은 어떤 사람은 남들이 이해하기 쉽게 이야기하는 반면에, 어떤 사람은 이해하고 나면 단순한 이야기인데 불구하고 전문 용어를 써 가며 어렵게 이야기를 풀어간다. 그리고 선천적으로 목소리가 작고 어눌하게 말하는 사람도 있다(이 경우는 상사의 말을 정말로 이해하기가 힘들다).

상사가 남들이 이해하기 쉽게 이야기하면 전혀 문제가 없지만, 남들이 이해하기가 어렵게 이야기하는 것이 문제가 된다. 더군다나 이렇게 말을 어렵게 하는 사람이 나의 직속 상사라서 당신에게 지시할 적마다 제대로 알아듣지 못한다면 당신은 난감해질 것이다.

그런데 당신이 난감해하는 본질적인 이유가 단순히 상사가 말을 어렵게 해서 잘 이해가 안 된다는 것보다는 상사가 무섭기 때문이라면 문제가 심각해진다(상사가 독선적인 사람일 것이다). 상사의 말을 제대로 이해하지 못해서 상사에게 다시 설명해 달라고 이야기하면 괜히 혼이나 나지 않을까 하는 생각이 먼저 들기 때문에 상사의 말을 제대로 이해하지도 못하면서 알아듣는 것처럼 행동하게 된다.

알아듣지도, 이해하지도 못하고서 알아듣고 이해하는 척하게 되면 문제가 더욱 커질 수 있다. 당신은 항상 엉뚱한 결과물을 만들어 내기 때문에 조직에서 무능력자로 낙인찍히게 된다.

이런 위험 요소를 없애기 위해서라도 당신은 상사의 지시가 이해가 안 되면 이해될 때까지 물어봐야 한다. 오히려 당신의 상사는 당신의 이런 태도가 적극적이라고 생각할 수도 있다.

상사의 지시와는 상관없이 일을 해서 더 큰 문제를 만들기 전에 명확하게 지시 내용을 이해하고 명확한 지시에 따라서 일을 하는 것이 상사나 당신에게 옳은 일이 된다.

사람마다 성격이 달라서 재차 확인하는 질문에 민감하게 반응하는 사람도 있겠지만 제대로 일을 하기 위해서 질문을 다시 하는 것에 대해서는 이해될 때까지 설명하고 제대로 지시하는 것이 일반적인 상사의 모습이다(리더십이 있는 상사이다).

두려워하지 말고 정확하게 지시에 대한 이해를 통해서 일을 하는 것이 회사에서 일 잘하는 사람으로 인정받는 길이다.

53

주말에도 회사에 나와
일하는 모습을 보여주라

회사 생활을 하다 보면 하기 싫지만 해야 되는 것들이 있다. 다른 직원들은 다 퇴근했는데도 늦은 시간까지 남아서 업무를 하는 것은 분명 즐거운 일이 아니다. 평일에 잦은 야근도 모자라서 휴일에 회사에 나와서 일해야 한다면 이는 더욱 즐거운 일이 아니다.

어떤 사람은 회사에 나와서 일한다는 것 자체가 축복이고 즐거운 일이라고 주장하는 사람도 있다. 지금 하는 업무가 본인이 좋아하고 즐기는 일인데 시간은 중요한 것이 아니라고 생각한다. 매일 아침 회사에 출근하는 것이 즐겁고, 아침에 눈을 뜨면 즐거운 회사 생활이 시작된다는 것에 가슴이 벅차다고 말한다.

글쎄, 매일 야근하고 휴일도 없이 일하고 회사 생활은 단순한 일이 반복적으로 돌아가는 일인데도 그렇게 즐거울 수 있을지는 모르겠다. 정말로 자기의 꿈이 있어서 그 꿈을 실현하는 과정이라면 모를까, 그것이 아니라면 불가능한 이야기라는 생각이 든다.

그렇다 하더라도 당신은 업무상 필요하면 야근도 하고, 휴일에 회사에 나와서 업무를 해야 한다. 그렇게 하는 것이 당신을 다른 사람과 차별화해 주는 경쟁력이 될 수 있다.

휴일에 회사에 나와서 근무하게 되는 것이 자발적이든 아니면 일에 대한 책임감이든, 휴일에 회사에서 근무한다는 것 자체가 중요하다. 휴일에 회사에서 근무하게 되면 필히 당신이 휴일에 회사에 나와서 일을 했다는 사실을 상사에게 알릴 필요가 있다.

솔직히 휴일에 회사에 나와서 일하는 것을 좋아하는 직원은 한 명도 없다. 휴일에 가족과 같이 시간을 보내고 싶고, 조금 더 쉬고 싶은 것이 솔직한 심정이다. 상사인 당신이 당신 부하 직원들에게 업무 때문이라고 양해를 구하고 휴일에 회사에 나와서 같이 일하자고 제의하게 되면 밝은 표정으로 기쁘게 같이 일을 하자고 말하는 직원은 어느 누구도 없을 것이다. 오히려 불만에 가득한 표정을 짓는 직원들이 대부분일 것이다. 휴무일에 회사에 나와서 일하는 것을 좋아하는 직원이 어디 있겠는가?

그러나 성공의 기회는 남들이 안 하는 것을 함으로써 성취할 수 있다고 누차 이야기했다. 휴일에 나와서 업무를 하는 것도 남들과 차별화된 전략이 될 수 있다.

휴일에 회사에 나오게 되면, 사실 밀린 업무를 하는 시간은 의외로 짧다. 다른 직원들이 없기 때문에 당신은 업무에 더 집중할 수 있고 집중하다 보면 의외로 빨리 업무가 끝난다. 그렇다고 업무를 빨리 끝냈다고 바로 퇴근하는 것보다는 어차피 회사에 나온 이상 귀가하는 것도 시간이 걸리고, 조용히 자기만의 시간을 갖기도 흔치 않기 때문에 이 시간에 자기 계발을 하거나 평상시 하지 못했던 개인적인 일을 하는 것도 좋은 방법이다.

시간 활용 측면에서도 개인적인 득이 되지만, 휴일에 근무하면 필히 당신 브랜드를 높일 수 있는 마케팅 전략으로 활용해야 한다. 마케팅 전략이라고 어려운 것이 아니라 당신 상사에게 당신이 휴일에 근무했다는 사실을 알리면 된다. 남들이 즐겁게 생각하지 않는, 그래서 서로 꺼리는 휴일 근무를 했기 때문에 본인의 마케팅 활동도 가능한 것이다. 상사는 당신의 마케팅 활동으로 인하여 특히 당신의 성실성과 주인 의식에 대해서 인정해 줄 것이다.

54

회사가 알려주지 않는 비밀은 없다

　회사가 직원들에게 알려주지 않는 비밀이라는 것이 존재한다면 그 회사는 더 이상 다닐 만한 가치가 없는 회사라고 할 수 있다.

　지금은 회사 운영에서 투명성이 강조되는 시대이다. 투명성이라는 것이 회계 처리에 대한 부정이 없는 깨끗한 회사라는 의미도 있지만, 회사 정보에 대한 모든 직원과의 공유를 통해서 회사에서의 정치적인 문제를 야기하지 않는 것도 포함되어 있기 때문에, 비밀이 많은 회사는 그만큼 회사 내에서 정치적 활동이 많다고 볼 수 있다.

　회사가 운영되면서 회사의 목적보다는 정치에 더 민감하다면 당신은 그 회사와 더불어 발전할 수 있는 기회가 거의 없기 때문에 더 이상 회사를 다닐 만한 명분이 없어지게 되는 것이다. 그런데도 혹시나 회사가 알려주지 않는 비밀이 있다면 과연 그 정체가 무엇일지 생각해볼 만한 가치가 있다.

어떤 책이 회사가 알려주지 않는 비밀을 공개하는 것처럼 해서 많은 사람의 관심을 모은 적이 있었다. 그런데 사실 내용을 읽다 보면 회사가 알려주지 않는 비밀은 그 자체가 비밀인 것이 아니라 직원들의 무관심 속에서 비밀이 되어 버린 내용이 많다는 생각이 든다.

회사의 비밀에 대한 개인적인 관심 때문에 이야기가 주류에서 벗어난 느낌이다. 다시 주류로 넘어가서 회사가 알려주지 않는 비밀에 대해서 한번 생각해 보자.

회사가 알려주지 않는 비밀이라면, 먼저 떠오르는 주제가 회사의 전략이 아닐까 한다. 사실, 회사의 전략은 중역들만 아는 비밀이었다. 경쟁업체가 혹시라도 아는 경우에는 낭패를 볼 수 있기 때문에 중역들의 머릿속에만 존재하였는데, 경영 환경의 변화 때문이라도 지금은 전 직원들과 공유하는 것이 당연시되고 있다.

직원과의 공유를 통해서 직원들이 제대로 일을 하기 위해서라도 전략을 공유할 필요성을 느끼게 된 것이고 그래야만 회사를 중심점을 갖고 운영할 수 있게 된 것이다. 결국 회사의 전략은 회사의 비밀이 아니라는 결론에 도달하게 된다.

혹시나 인사관리가 비밀의 밀실에서 이루어지는 회사의 비밀이 될 수 있을까? 당연히, 개인의 신상은 다른 사람들이 알아서는 안 되는 개인 프라이버시에 해당한다. 그렇다고 개인 신상이 회사의 비밀이 되는 분야는 아니다.

그럼, 직원들이 항상 궁금해하는 승진과정이 회사의 비밀이 될 수 있을지 모르겠다. 왜 그런지는 몰라도 이상하게 과거에는 승진과정을 직원들에게 알려주지 않은 것이 사실이다(뭐, 별로 중요하고 대단한 것도 아닌데 왜 그랬는지는 이해가 안 간다). 승진이라는 것을 기득권 세력이 직원들을 통제할 수 있는 수단으로 생각해서 그랬는지는 몰라도, 지금은 승진 과정도 하나하나까지 전부 공개하고 있다. 승진 결과만을 알려주던 시대에서 승진 심사 과정에서 나왔던 모든 이야기를 직원들에게 공개하는 시대로 변화된 것이다. 그 변화의 중심에는 직원이 회사 발전의 기반이라는 주제가 있다.

승진 과정에서 나왔던 개인별 현재 수준에 대한 진단은 개인의 발전을 위한 기초 자료로 활용할 수가 있고, 개인 발전의 합이 회사의 경쟁력으로 이어지기 때문에 승진 과정에서의 모든 이야기가 공유되는 것이다. 그러면 과연 무엇이 회사가 직원들에게 알려주지 않는 비밀이라는 것일까?

이에 대한 대답은 명확하다. 회사가 직원들에게 알려주지 않는 비밀은 없다. 단지 회사는 모든 것을 직원들에게 이야기해 주지만, 직원들이 회사가 이야기해 주는 것에 귀를 막고 있을 뿐이다.

회사는 회사와 관련된 사항을 공식적으로 또는 비공식적으로 당신에게 알려준다. 이는 너무나도 당연한 것이다. 회사가 회사의 직원에게 회사의 정보와 전략에 대해서 알려주는 것은 회사의 성과를 내기 위해서는 필요한 조치 사항이다. 회사의 방향성을 아는 직원하고 모르는 직원 간에는 개별적으로도 회사의 성과에 대한 기여도가 다르다. 그리고 일에 대한 몰입 정도도 달라진다. 당연히 회사는 회사의 성과와 나아가서는 회사의 비전을 달성하기 위해서 모든 정보를 직원들에게 알려준다.

문제는 당신이다. 회사가 모든 정보를 제공해도 당신은 모른다고만 할 것이다. 그러면 왜 당신이 모든 정보를 제공받음에도 모른다고만 이야기하는지 그 이유가 무엇인지 생각해 보면, 결론은 당신이 가지고 있는 회사에 대한 불신과 무관심 때문이다.

회사는 회사의 모든 정보를 당신에게 제공하는데도 불구하고 당신은 당신의 무관심 때문에 회사가 알려주지 않는 비밀이 있다고 굳게 믿고 있을 것이다. 당신은 자신의 무관심이 원인이라는 생각은 하지도 못하고 항상 불만을 이야기할 것이다. 그런데 항상 불만을 이야기하는 당신이 그리는 그 이미지가 상사가 당신을 판단하는 기준이 된다는 것을 당신은 알고 있어야 한다.

그럼, 당신이 말하는 불만을 들어 보자. 당신이 말하는 불만사항 중에서 가장 심하게 이야기하는 것이 아마도 직원들의 인사변동 내용일 것이다. 회사에서 직원들에 대한 인사사항은 같은 동료애(?)라는 것이 작용해서 그런지 몰라도 모든 직원들이 항상 갖고 있는 관심사이다.

인사변동과 관련해서 최근의 추세는 회사에서 단지, 인사변동에 관한 결과만을 직원들과 공유하는 것이 아니라 인사변동에 대한 회사와 개인의 당위성을 함께 공유한다. 그럼에도 당신은 인사변동에 대해서 회사가 무언가를 감추고 있다는 음모설을 믿고 있기 때문에 불만을 이야기하지만, 회사는 분명히 공지 게시판을 통해서 모든 내용을 공개한다. 회사에서 같이 일하는 직원의 인사변동 사항을 회사가 공개 못 할 이유가 없기 때문이다. 오히려 당신은 당신의 무관심 속에 그 내용을 보지 못했을 것이다. 그런 무관심이 회사의 비밀을 만들어 낸다는 것을 알아야 한다.

자기 일에 바쁜 척하는 당신이 관심이 없어서 모르는 것뿐이다. 게시판에 있는 내용을 간단히 클릭만 하면 알 수 있는데도, 당신은 그 단순한 클릭을 다른 핑계로 하지 않았기 때문에 당신만 회사 직원의 인사변동 사항에 대해서 모르는 것이다.

회사에서의 당신에 대한 평가를 알고 싶은가? 당신에 대한 인사평가는 당신 상사와의 면담을 통해서 알 수 있는 내용이다. 당신 상사에게 물어보면 객관적인 내용을 이야기해줄 것이다. 당신 상사가 당신을 평가한 내용이기 때문이다.

인사평가 내용이 아닌, 회사에서의 당신 평가에 대해서 알고 싶다면 당신 동료들에게 물어보는 것이 제일 간단하고 정확한 결과를 구할 수 있는 방법이 된다. 그렇지만 혹시나 회사 동료들이 당신 평가에 대해서 좋지 않은 이야기를 직접 하는 것을 꺼릴 수도 있다. 그런 경우에는 인사 부서에 가서 인사부에서 근무하는 직원들과 이야기해 보면 된다. 인사 부서 직원과 대화해 보면 당신은 스스로 당신에 대한 조직의 평가에 대해서 느낌이 올 것이다. 인사 부서 직원들이 당신과의 면담을 피한다면 당신에 대한 조직의 평가는 부정적이라는 것이다. 그렇다고 당신은 너무 실망할 필요가 없다. 지금이라도 당신에 대한 평가를 향상시키기 위해서 노력한다면 당신도 유능한 직원으로 인정받을 수 있다. 단지 그러한 노력이 어려울 것이지만 불가능한 것은 아니다.

이제는 회사가 알려주지 않는 비밀이 없다는 것을 당신도 알았을 것이다. 회사가 알려주지 않는 비밀이 있는 것이 아니라 당신의 무관심이 만들어 낸 비밀만이 존재할 뿐이다. 당신은 조금만 노력하면 회사에 대한 모든 정보를 접할 수 있다.

불평하지 말고 그 정보를 자기 것으로 만들어서 회사에 기여하는 직원으로 거듭나야 한다.

White Shirt

B
OK

File

coffee

제3장 직장생활수칙

자기 계발

E-mail

@

Result

55

승진에서 탈락은 남이 아닌 내 탓이다

어떤 일을 성공하면 자기가 능력이 있고 잘나서 성공했다고 생각하는 사람이 있는 반면에 주변 사람들의 도움이 있어서 성공했다고 말하는 사람이 있다.

어떤 일에 실패하면 그 실패가 전적으로 본인 잘못이라고 여기는 사람이 있는 반면에 그 실패의 원인을 환경의 탓으로 돌리는 사람이 있다. 본인은 능력이 있는데 주위에 있는 사람들 때문에 어쩔 수 없이 실패했다고 이야기한다.

성공 여부와 상관없이 어떤 유형의 사람이 더 위대하게 보이는지는 당신과 우리 모두 잘 알고 있는 사실이다. 성공하게 되면 창밖을 보고 실패하게 되면 거울을 보아야 한다는 진리를 행동으로 실천할 수 있어야 진정 성공한 사람이 되는 것이다.

그럼에도 이 진실을 부정하는 사람이 주변에 넘쳐난다. 자기 잘난 멋에 사는 사람이 주변에 너무나도 많아서 무엇이 진실인지 분간 안 될 정도이다. 회사에서도 이런 유형의 사람을 많이 볼 수 있는데, 이번에는 회사에서의 성공 기준이라는 승진을 갖고 한번 이야기해 보자.

회사 생활에서 능력을 인정받을 수 있는 승진에서 탈락되면 누구라도 기분이 엉망이 된다. 기분이 엉망이 되면 그 원인을 내가 아닌 다른 무엇으로부터 찾으려고 하는 경우가 대부분이다.

그래서 먼저 회사를 원망하기 시작한다. '나는 회사에서 누구보다도 열심히 일을 했는데도 불구하고 회사가 나를 인정하지 않는다. 이런 회사를 다닐 가치가 없다'라고 원망을 하다가 이제는 상사와 동료들에게 그 책임을 묻기 시작한다. '나는 회사에서 열심히 일했고 상사에게 최선을 다했고 동료들과 서로 협력해서 많은 성과를 이루어 냈는데 승진 탈락은 누군가가 나를 모함한 것이다'라고 생각하고 회사 생활에서도 상대적으로 다소 적대적인 태도를 보이기 시작한다.

자, 그럼 지금부터 가만히 눈을 감고 인사평가 시 당신 상사와의 면담 내용을 기억해 보자. 당신의 상사가 당신에게 했던 이야기 중에 어떤 이야기가 기억에 나는가?

회사의 상사는 당신에게 분명히 올해의 팀과 당신의 목표에 대해서 이야기했을 것이고, 회사의 성과를 내기 위해서 필요한 조건과 당신이 해야 될 일 그리고 당신이 이루어야 할 성과에 대해서 이야기했을 것이다. 또한 당신이 가져야 될 회사의 가치에 대한 이해를 요구했을 것이고, 당신이 회사에서 성공하기 위해서 필요한 역량과 당신의 자기 계발 계획에 대해서 이야기했을 것이다.

이제 눈을 뜨고 당신이 기억하는 상사와의 면담 내용을 글로 써 보길 바란다. 상사가 당신에게 요구했던 성과와 자기 계발 계획에 대해서 당신이 얼마나 제대로 목표를 달성했는지 머리로만 생각하지 말고 글로 써 보길 바란다. 당신이 글로 쓴 내용과 상사와 약속했던 내용과 어떤 차이가 있는지 이제는 보이는가? 본인이 만족할 만하고 다른 사람에게 자랑할 만한 성과를 내고 있다고 자신하는가?

회사에서 대부분 사람들은 자신의 능력이 다른 사람보다 탁월하다고 생각한다. 이는 철저하게 자기반성이 빠진 자기 자만심이라고 할 수 있다. 이러한 자만심은 결국에 자기 실패로 이어질 수밖에 없다. 회사에서의 승진 탈락은 자기 자만심에서 출발하여 하루하루를 남들과 다르게 살아온 것이 아니라 자기만족에 안주함에 따라 생긴 결과라고 볼 수 있다.

그래도 승진 탈락에 대한 분명한 원인을 아직 모르겠다고 이야기한다면, 당신이 그렇게 능력이 탁월하면 다른 회사로 이직하기도 쉬울 텐데, 왜 굳이 기존 회사에 남아 있으려고 하는지 당신 자신한테 물어보길 바란다.

스스로 대답을 구했는지 모르겠다. 그 대답이 무엇이든 스스로의 반성을 통해서 당신은 발전할 수 있다는 것을 믿어야 한다. 이제부터 모든 것이 나로부터 시작된다는 것을 인지하고 나로부터 모든 것이 그 결과를 만든다는 것을 제대로 알고 실천해야 한다.

당신이 아직 회사를 다니고 있다면 기회가 있는 것이다. 당신의 태도와 당신이 처한 환경을 분석해 보고 앞으로의 방향성을 새롭게 만들어 보자. 당신이 가지고 있는 강점이 무엇인지 생각해 보고 단점이 무엇인지도 생각해 보자. 그리고 당신의 강점을 더욱 발전시키고 단점을 보완할 수 있는 방법을 글로 써 보자.

이제 당신이 글로 쓴 내용을 큰 소리로 읽어 보길 바란다. 그리고 다짐 또 다짐을 하고 실행력을 키워 가길 바란다. 분명히 다음번 당신은 누구보다도 능력을 인정받아 승진의 기회를 잡을 수 있을 것이다.

56

다른 부서의 스카우트 대상자가
되도록 하라

능력이 탁월한 사람들은 회사 내부에서도 능력을 인정받지만, 외부 시장에서도 능력을 인정받는 사람들이다. 외부 시장에서 능력을 인정받게 되면 스카우트 대상자가 되는데, 이 탁월한 능력의 소유자를 얻기 위해서 스카우트하려는 회사에서는 많은 투자를 하게 된다. 그 투자가 금전적인 보상일 수도 있고 다른 보상일 수도 있다.

그래서 당신도 스카우트 대상자가 되어야 한다(이직을 고려하라고 이야기하는 것이 아니다). 탁월한 능력을 키워서 항상 시장에서 스카우트 대상자가 될 수 있는 가능성과 잠재력을 가져야 한다.

스카우트 대상자가 되어야 한다는 이야기는 외부 시장에서만 통용되는 이야기가 아니다. 당신이 외부 시장에 알려진다면 저절로 스카우트 대상이 되겠지만, 내부 시장에서도 당신은 스카우트 대상자가 되어야 한다. 인생에서의 성공은 회사 외부에서의 성공도 있지만, 회사 내부에서의 성공도 존재하기 때문이다. 내부 시장에서의 스카우트 대상자라는 것은 회사 내 다른 부서에서 당신보고 같이 일을 해보자는 말을 듣는 직원이 되어야 한다는 의미이다.

모든 회사들은 정기적인 인사발령 시기가 있다. 이 시기에는 개인적인 적성을 고려하여 다른 업무로 재배치하는 경우도 종종 있다. 그런데 회사에서는 평이한 보통의 업무보다도 서로 해 보고자 하는 욕심이 생기는 중요한 업무가 존재한다(대부분 그런 업무가 조직에서의 핵심 업무라고 할 수 있다). 회사에서도 중요하고 개인의 경력관리에서도 중요하기 때문에 너도나도 서로 하고자 하는 업무인데, 우연히 인사발령 시기에 이 업무에서 사람을 뽑을 일이 생기면 회사 내의 많은 직원들은 손을 들고 서로 가겠다고 난리이다.

이런 상황에서 재미있는 현상이 생긴다. 서로들 그 부서로 가려고 하기 때문에 많은 후보자가 생기게 마련인데, 그 많은 후보자 중에서 어떤 사람은 해당 부서에서 같이 한번 일을 해보자고 제의를 받고 어떤 사람은 그런 제의를 전혀 받지 못한다. 이런 현상이 일어나는 이유를 당신은 무엇 때문이라고 생각하는가?

조직에 얼마나 기여하는지를 알려주는 개인의 성과평가 결과에 따라 어떤 사람은 같이 일하자고 제의를 받지만 어떤 사람은 제의를 못 받는다고 생각하면 그 생각은 반만 맞는 생각이다. 회사의 관리자들은 당신의 성과평가 결과를 참고하지만 그보다는 당신의 잠재력과 태도를 평가하는 경우가 많다. 당신의 잠재력과 태도는 당신이 가지고 있는 일에 대한 태도, 조직에서의 인간관계, 자기 계발에 대한 노력, 당신의 사고 체계 등을 평가하는 것이다.

회사의 관리자들이 당신의 잠재력과 태도를 평가한다고 하지만, 그들은 당신에 대해서 잘 알 수도 있지만, 그렇지 않을 수도 있다. 당신에 대해서 잘 모르는 관리자들은 당신의 잠재력과 태도에 대해 주위 사람들로부터 얻는 정보를 가지고 판단한다.

그런데 당신에 대한 긍정적 평가는 당신이 단기간에 얻을 수 있는 것이 아니다. 장기적으로 일관성을 가지고 회사 업무에 몰입해야지만 얻을 수 있는 것이다.

회사 생활을 하면서 자신의 업무에 대한 몰입과 자기 계발에 대한 열정이 결국 당신을 평가하는 기준이 된다. 그래서 당신은 항상 준비하는 자세가 필요한 것이다.

이제부터라도 모든 회사 생활에 있어 열정과 몰입을 가지고 노력하는 자세가 필요하다. 기회는 준비된 자만이 가질 수 있는 특권이기 때문이다.

57

탁월한 직원은
정리정돈에 있어서도 탁월하다

정리 정돈을 잘하는 직원이 일도 잘한다는 속설을 들어 보았는지 모르겠다. 무슨 황당한 이야기냐고 묻고 싶겠지만, 정리 정돈을 잘하는 직원은 최소한 일을 잘할 것 같은 느낌이 드는 것이 사실이다.

정리 정돈을 잘하는 직원의 사고 체계가 논리적일 거라는 생각이 드는데 회사의 업무는 창의적인 사고도 요구하지만, 논리적인 사고를 가지고 해결해야 되는 업무도 부지기수다. 그러다 보니 논리적인 사고를 가진 직원이 일을 잘하는 것은 당연하다. 그래서 회사는 정리 정돈을 잘하는 직원이 필요한 것이다.

그런데 문제는 회사에 있는 직원들이 다들 정리 정돈을 잘하면 금상첨화겠지만 그렇지 못한 것이 현실이다. 지금 당장 당신 사무실 주위를 둘러보길 바란다. 그리고 같이 근무하는 동료들의 주변도 둘러보기 바란다. 과연 몇 명이나 정리 정돈을 말끔히 하고 일을 하고 있는지 아마 다섯 손가락으로 셀 수 있는 수준이 분명할 것이다. 물론 깔끔하게 정리 정돈을 하고 일을 하는 직원들도 분명히 있다.

　이제 당신과 당신 주변에서 정리 정돈을 잘하는 사람과 잘 못하는 사람을 보면 어떤 느낌이 드는지 서로 한번 이야기해 보자. 우리가 이야기하는 주제가 우리의 이야기로만 끝난다면 별로 의미가 없는 이야기이지만 우리가 나누는 이야기에 당신의 회사 경영진들도 동의한다면 정리 정돈은 회사 생활에서 제대로 관리해야 하는 행동 양식이 된다. 주변 정리 정돈을 잘하고 있는 직원에게서 받는 느낌은 일을 잘하겠구나를 넘어선다. 그 직원에게서는 빈틈이 없고 매사에 논리정연하고 일을 깔끔하게 처리한다는 느낌을 받는다. 이런 직원이 우리와 같이 일하는 것이 다행이다 싶은 생각이 드는 것은 이런 직원이 경쟁 업체에서 일하거나 또는 회사의 거래처 직원이라면 우리가 조금만 방심해도 회사에 커다란 손실이 될 수 있다는 생각이 앞을 가리기 때문이다.

　주변 정리 정돈이 제대로 되어 있지 않고 항상 책상에 서류들이 쌓여 있는 직원을 보면 먼저 정신이 혼란스럽다는 생각이 든다. 일도 주위의 정리 정돈을 하는 것처럼 항상 대충 하는 게 아닐까 하는 생각이 든다. 왜 하필이면 이런 직원이 우리와 같이 일하는지 누가 채용한 건지 원망스럽기만 할 뿐이다. 이런 직원이 경쟁업체에만 있다면 우리가 시장을 장악할 것 같은데 우리 회사 직원이라는 것이 아쉽게만 느껴진다(일을 잘하는 직원도 가끔은 정리 정돈이 엉망인 경우도 있다).

공장으로 현장 감사를 나가는 사람들은 여러 가지 공장 운영요소를 점검하지만, 가장 중요하게 생각하는 요소 중 하나가 공장의 정리 정돈 상태인 청결 상태를 본다고 한다. 현장이 정리 정돈이 잘되어 있으면 공장 조업 전에 사전 준비도 철저히 하고 업무도 항상 열심히 한다는 생각이 들기 때문인데, 실제로 현장이 청결한 공장이 그렇지 않은 공장보다 생산성이 높은 사례는 얼마든지 있다. 사람도 마찬가지라고 생각한다.

항상 정리 정돈 하는 사람은 잠재성이 있어 보이며, 실제 성과도 높은 경우가 대부분이다. 아마도 그것은 다른 사람들이 정리 정돈을 잘하는 사람은 성과가 높을 거라고 믿고 이야기해 주기 때문에 실제 성과로 이어지는 경우도 있을 것이라는 생각이 든다.

깨진 유리창의 법칙이라는 책을 읽어 보면 알겠지만, 사소한 것에서부터 많은 문제가 발생한다. 이 말을 거꾸로 뒤집어보면 당신이 당신 주변의 사소한 것부터 개선해 나가면 당신 개인과 조직성과에 기여할 수 있다는 이야기일 것이다.

58

당신의 명함은 당신의 얼굴이다

직장인들이 가지고 있는 오해 중 하나가 명함에 대한 진실이다. 언제부터 명함에 대한 진실이 왜곡되어 있는지 잘 모르겠지만, 직장인이라면 누구나 명함을 항상 가지고 있어야 한다. 항상 사람을 많이 만날 수밖에 없는 영업사원만 명함을 가지고 다녀야 한다는 고정관념이 명함에 대한 진실의 왜곡이다.

영업사원만 외부 사람들 만나는 것은 아니기 때문에라도 모든 부서의 직원들은 회사를 소중히 여기듯이 본인의 명함을 소중히 여기고 항상 유사시를 대비해서 명함을 가지고 있어야 한다.

채용 담당자가 우연히 회사 밖에서 만난 사람이 능력이 탁월해서 같이 일할 것을 제안하고자 하는데 본인의 명함이 없어서 제대로 관계를 맺지 못하는 일이 발생하면 회사의 손실이 되는 것이다.

명함은 회사의 얼굴이자 본인의 얼굴이다. 언제 어디서 어떻게 누구를 만날지 모르는 것이 현실이지만, 그 누군가를 만날 수 있다는 확률 때문에 만나게 되는 그 누구에게 명함을 주는 것과 명함이 없어서 다시 만나면 주겠다고 하는 것은 준비되어 있는 사람과 그렇지 못한 사람이 가지고 있는 차이이다. 그 차이 때문에 누군가는 인생에서 성공할 수도 있고 누군가는 성공의 기회를 잃어버릴 수도 있다.

그리고 우연히 만난 그 사람을 다시 만난다는 보장도 없다. 같은 기회가 두 번씩 오지 않을 수도 있다는 이야기인데 우연히 만났던 그 사람이 당신과 당신 회사에 큰 도움을 주기 위해 하늘이 정해 준 사람일 수도 있는데도 당신은 명함이 없다는 이유만으로 그 기회를 스스로 버리게 된 것이다.

인생에서의 기회는 세 번 온다고 한다. 그 기회가 왔을 때 정확하게 판단하여 자기 것으로 만드는 사람이 성공하는 것이다. 준비된 사람만이 기회에 대해서 정확하게 판단하는 것이다. 성공에 대한 준비가 명함이 필요한 것만은 아니지만, 다른 사람들이 보기에는 명함이 있는 것과 없는 것이 성공을 위한 준비를 하고 있는 사람인지 아닌지를 구분하는 기준이 되기도 한다.

명함과 관련된 예의도 중요하다. 명함은 회사와 당신의 얼굴이라고 이야기했는데, 깨끗한 명함을 가지고 있는 것과 구겨진 명함을 가지고 있는 것은 분명히 받는 사람의 입장에서는 그 의미가 다르다.

회사와 당신의 얼굴이 구겨진 상태라면 그 명함을 받는 사람은 당신에게서 회사에 대한 애정이 없고, 당신 스스로에 대해서도 애정이 없는 사람이기 때문에 비즈니스 관계에서 조심해야 하는 사람이라는 오해를 할 수가 있다. 잘못 보관한 명함 때문에 어이없는 오해를 살 수도 있고 비즈니스 관계가 깨지기도 하는 일이 발생하는 것은 당신이 얼굴(명함)을 잘못 관리한 덕택이다.

명함을 제대로 보관하기 위해서는 보관소(명함지갑)가 필요하다. 잘못된 보관소(일반지갑)는 얼굴(명함)을 구기게 되어 있다. 상대방에게 깔끔한 인상을 주기 위해서는 깔끔한 명함이 필요하다. 당신이 보관소가 없다면 명함지갑을 하나 장만할 것을 권하고 싶다. 가능하면 명함지갑을 하나 장만해서 명함을 항상 명함지갑에 보관하는 습관을 가져야 한다. 그리고 나의 명함 보관도 중요하지만 상대방의 명함 보관도 중요하다. 상대방의 명함을 일반지갑에 넣는 것과 명함지갑에 넣는 행동 역시 보는 사람 입장에서는 당신의 신뢰도를 측정하는 또 하나의 기준이 될 수 있다.

명함을 받았을 때의 예절도 우리는 지켜야 한다. 상대방의 명함을 받았을 때 바로 명함지갑에 넣는 사람이 있는데, 예절에 어긋나는 행동이다. 명함을 명함지갑에 바로 넣으면 상대방의 이름을 기억하기가 어렵게 된다. 미팅 내내 어떻게 상대방을 호칭해야 할지 난감하게 된다. 명함은 테이블 위 우리가 볼 수 있는 위치에 놓는 것이 예의이다.

59

상사의 약점을
당신의 강점으로 만들어라

상대방의 약점을 가지고 성공한다면, 그 성공이 의미가 있다고 볼 수 없다. 상대방의 약점을 가지고 성공한다는 것은 그 상대방의 눈에서 피눈물이 나는 일이다. 상대방을 짓밟고 올라가는 정상의 공기가 상쾌할 리 없다. 만약 상쾌하다고 느낀다면 당신의 성공은 오래가지 못할 것이다. 당신도 다른 사람 때문에 피눈물을 흘리게 되는 날이 오게 될 것이다.

상사의 약점을 당신의 강점으로 만들라는 이야기도 같은 맥락에서 이해하면 된다. 상사의 약점을 당신의 성공 도구로 쓰라고 이야기하는 것이 아님을 전제로 미리 이야기한다.

회사에서 인정받고자 한다면 상사가 가지고 있는 업무적인 약점을 당신의 강점으로 만드는 것이 가장 효과적인 방법이다.

예를 들어 보자. 당신의 상사가 영어회화를 잘 못한다면 당신은 자신의 영어회화 실력을 끌어올려야 한다. 회사에서 영어회화를 잘하는 사람이 갑자기 필요할 때 회사는 당신의 상사보다는 당신을 찾게 된다. 영어회화 때문이라도 상사보다 자주 당신을 찾게 되면 어느 순간부터는 영어회화뿐만 아니라 다른 분야에서도 상사보다는 당신을 찾게 되는 경우가 생기기 시작한다.

그 순간부터가 회사가 당신의 능력을 인정한 시점이라고 보면 된다(회사가 당신 상사보다는 당신이 더 탁월하다고 인정한 시점이다).

당신은 상사의 약점을 당신의 강점으로 만들어서 회사에서 상사를 뛰어넘으라는 이야기가 무척이나 인간성이 떨어지는 이야기처럼 들릴지 모르겠지만, 회사에서 인정받을 수 있는 방법임에는 틀림없다. 직장 생활은 정글의 약육강식 세계라는 표현을 자주 한다. 잡아먹지 않으면 잡아먹히는 것이 바로 회사 생활인 것이다.

그렇다고 노골적으로 상사의 약점을 잡으라고 이야기하는 것은 아니다. 그리고 제대로 된 상사라면 후배 사원이 능력적인 면에서 본인을 능가한다면 후배 사원의 능력을 높이 평가하고 인정할 것이다. 아무리 회사 생활이 약육강식의 세계라고는 하나, 상사의 약점을 잡아서 상사에게 압력을 가함으로써 당신의 성공을 담보하면, 당신도 당신의 부하 직원들로부터 똑같은 상황에 처하는 일이 발생할 수 있다.

상사의 약점을 당신의 강점으로 만들어야 한다는 말의 본질은 상사의 능력 중에 약한 부분이 있으면 당신은 상사의 약한 부분을 당신의 능력으로 만들어서 상사의 약점을 보완해 주는 역할을 하라는 것이다. 상사의 약점을 보완해 주는 역할을 하게 되면 당신은 당신의 능력을 키울 수 있고 당신과 상사는 돈독한 관계를 가질 수 있기 때문에 양자가 서로 상생하는 길이 될 수 있다.

당신이 상사의 약점을 보완해 주면 당신에게는 두 가지 이득이 생길 수 있다.

첫 번째는 당신의 능력이 남들 눈에 크게 띄는 결과가 생긴다. 남들이 당신의 능력을 인정해 주게 될 것이다.

두 번째는 당신이 상사의 약점을 보완해 주면 상사는 당신에게 고마움을 느끼게 된다. 고마움을 느낀 상사는 언제 어디서나 당신을 칭찬하게 된다. 결국 당신은 인간관계와 능력 인정이라는 두 마리 토끼를 잡게 된다.

당신의 이런 역할은 조직에서 선순환 구조의 역할이라고 할 수 있다. 선순환 구조의 역할이라는 것은 당신이 상사에 대한 보완적인 역할과 함께 조직에서의 자신의 능력을 최대한 발휘함으로써 조직의 성과에 기여하고 상사와 좋은 관계를 만들면 회사는 지속적으로 필요한 순간마다 당신을 찾게 되고 상사는 이런 결과에 대해서 당신을 격려하는 구조를 말한다. 당신이 이런 역할을 한다고 상상만 해도 너무나도 멋진 일이 아닌가?

60

책은 타인의 경험을 사는
보물창고이다

독서에 대한 중요성은 새삼 강조하지 않아도 모든 사람들이 알고 있는 내용이다. 그렇지만 단순히 책을 읽어야 한다는 명분은 1% 부족한 느낌이다. 독서하는 것은 그 1%를 채울 수 있는 명분이 있어야 한다. 대부분의 사람은 책을 읽으면 얻는 것이 있기 때문에 독서가 중요하다고 말한다. 하지만 책을 읽는 것은 얻는 것에 비해 많은 시간을 투자해야 한다.

독서는 독서를 하는 명분이 명확해야 한다. 책을 읽은 것은 책임감이 아니라 필요성이 있어야 제대로 된 독서를 할 수 있게 된다. 독서가 필요하다고 이야기하면 당신은 분명히 수긍한다. 그리고 스스로도 독서해야겠다고 생각하지만 스스로의 책에 대한 개인적인 목표를 달성하는 사람이 별로 없다는 것이 문제이다.

당신은 가만히 눈을 감고 가슴에 손을 얹고 생각해 보길 바란다. 과연 당신은 일주일에 책을 몇 권이나 읽고 있는지, 아니 한 달에 책을 몇 권이나 읽는지 생각해 보라.

한 달에 1권 또는 2권 정도는 책을 읽는가? 회사에서 직원들에게 책을 얼마나 읽는지 물어보면 대부분은 한 달에 책 1권도 읽지 않는 경우가 태반이다. 그렇다면 직장인들이 책을 읽지 않거나 읽지 못하는 이유는 무엇일까?

직원들은 이렇게 이야기한다. '업무를 하다 보면 바빠서, 책 읽는 것보다는 다른 중요한 일이 있어서, 인간관계를 넓히기(같이 술 한잔 하기 위해서) 위해서'라고 말이다. 책을 회피하기 위한 변명으로밖에 들리지 않는 이야기일 뿐이다.

대중교통을 이용하여 출퇴근한다면 최소 책을 읽을 수 있는 시간을 하루에 1시간 이상은 가질 수 있다. 일주일에 최소 1권 이상은 읽을 수 있다는 이야기이다. 아니면 한 달에 최소 책을 2권 이상은 읽을 수 있다(실제로 가능하다). 본질적인 문제로 돌아가서 그러면 정말로 책을 읽는 것이 왜 중요할까?

개인 경력 관리를 위해서는 해당 직무의 전문가가 되는 것이 중요하다. 보통은 해당 업무에서 10년 정도를 일하면 사회에서 또는 회사에서 전문가라는 이야기를 듣는다(10년을 같은 업무를 했는데도 전문가라는 소리를 듣지 못하면 정말 슬픈 일이 될 것 같다. 사실, 회사

퇴직을 하고 나서 직업적인 측면에서 별로 할 일이 없다는 이야기이기 때문이다). 지금은 전문가의 시대이고 전문가가 필요한 시대이기 때문에 당신은 경력 관리를 위해서도 전문가가 되어야 한다. 그렇다고 내가 하는 업무만 잘 안다고 해서 해당 분야의 전문가로서 인생에서 성공하는 것이 아니다.

전문가라는 개념이 과거처럼 한 업무에 대해서만 잘 아는 사람이 아니기 때문이다. 지금은 전문가가 되기 위해서는 자기가 하는 일에는 도사가 되어야 하고 다른 업무도 상식 이상으로 알 수 있는 사람이 되어야 한다.

사물을 보는 시각이 넓어야 한다는 의미이다. 다른 업무에 대해서도 알고 있어야 나무가 아닌 숲을 보는 안목을 기를 수 있다. 전체적인 관점에서 업무를 수행하는 사람이 조직의 성과를 내는 것은 당연하다.

다른 업무를 제대로 알기 위해서는 그 다른 업무를 직접 해 보는 것이 가장 효율적인 방법이지만, 외환 위기 이후 한국 기업에서는 전문가에 대한 고용형태가 증가하다 보니 한 회사에서 타 직무로 옮기는 것이 쉽지가 않다. 그 분야의 전문가에게 해당 업무를 끝까지 맡기는 것이 최근 인력 관리의 추세이다.

그렇다면 다른 방법이 없을까?

가장 효과적인 방법은 하나밖에 없다. 책을 읽고 다른 사람의 경험을 간접적으로 느끼는 것이다. 다른 사람의 경험을 자기의 경험으로 만들어서 폭넓은 사고를 하는 사람이 되어야 한다. 그래야 진정한 전문가로서 자신의 경력을 쌓아 갈 수 있는 것이다.

한 달에 책 1권 읽는 것으로 남의 경험을 느낄 수 있다고 생각해서는 안 된다. 최소 1년에 100권 이상은 읽어야 남들의 경험에 대해서 이야기할 수 있는 것이다. 회사에서 요구하는 사람은 자신의 일도 잘하지만, 다른 분야도 많이 알고 있어 전체적인 통찰력을 지닌 사람이다. 그런 사람만이 어떤 조직에 있거나 성공하는 것이다.

이제 책을 읽을 만한 가치가 있다고 느껴지는가? 그러면 당장 서점으로 가서 가장 보고 싶은 책을 사서 읽도록 해라. 독서에 대한 한 가지 Tip은 책을 읽고 나면 그 책에 대해서 요약을 별도로 하거나, 책을 읽고 난 느낌을 별도로 정리하라는 것이다. 책에서의 느낌은 인생을 살면서 당신에게 소중한 자산이 된다. 독서를 통한 느낌은 미래의 자신을 살찌우는 기반이 된다.

최소한 책을 읽고 나면 그 책에서 가장 중요한 내용이 무엇이 있었는지 정도는 별도로 정리하길 바란다. 미래에 당신이 성공하기 위해서 필요한 자양분이 되기 때문에 필요하다.

61

회사에서의 여유 시간을
절대 허비하지 마라

회사 생활에서 여유 시간은 점심식사 시간만 있다는 편견을 버려야 한다. 점심식사 시간은 가장 길게 가질 수 있는 회사의 공식적인 휴식 시간이지만, 실제로는 회사 생활에서 당신이 가질 수 있는 여유 시간이 점심식사 시간만 있는 것은 아니다.

회사 생활에서 우리가 가질 수 있는 여유 시간이 곳곳에 있음에도 우리는 스스로 그 시간을 우리가 가질 수 있는 여유 시간이라고 생각하지 못한다. 여유 시간이라는 개념에 대한 선입관이 여유 시간을 못 만들어 내는 것인데, 우리는 회사 생활에서 여유 시간이라는 것이 점심식사 시간만 있다고 생각하기 때문이다.

직장 생활에서는 하루 업무 시간 속에 많은 여유 시간(자투리 시간)을 만들 수 있다. 사무실에 가기 위해 엘리베이터를 기다리는 시간을 활용할 수도 있고, 거래처 방문 등 외근 시 이동하는 시간도 활용할 수가 있다. 점심식사 시간을 포함해서 이 자투리 시간을 합한다면, 최소한 하루에 1시간 이상의 여유 시간을 가질 수 있다.

그런데 우리가 중요하게 생각해야 하는 것은 여유 시간을 만들어 내는 방법이 아니라 하루에 1시간 이상 생긴 이 여유 시간을 어떻게 활용할 것인가 하는 활용적인 측면이다. 이 여유 시간을 단순히 쉬는 시간으로 활용할 것인지 아니면 조금 더 생산적인 활동에 투자할 것인지가 성공의 기반을 만들어 준다. 하루에 5분이라는 시간도 시간이 흐르면 1시간이 되고, 10시간이 되는 누적시간이다. 이 하루의 5분을 어떻게 활용하는지에 따라서 회사에서의 성공 여부가 결정된다.

회사 생활에서 생긴 여유 시간을 당신은 과연 어떻게 활용하고 있는가? 이 시간을 잘만 활용하면 당신이 항상 시간이 없어서 공부할 수 없다고 핑계 대는 개인계발이 가능해진다. 책을 본다면 사람마다 차이는 있겠지만 적어도 하루에 30장 이상(1분에 1장 이상)을 볼 수 있을 것이고 영어 공부를 한다면 최소한 2문장 이상은 외울 수가 있을 것이다.

여유 시간에 할 수 있는 것도 많이 다양해졌다. 최근에는 인터넷을 활용한 학습 기회가 다양해서 배우고 싶은 교육 내용에 대한 접근이 더욱 용이해졌다. 단순히 영어 공부 콘텐츠만 있는 것이 아니라 본인이 하고 싶은 여러 취미 생활을 포함하여 다양한 주제와 콘텐츠가 존재한다. 게다가 블로그를 이용하게 되면 자신이 관심 있는 분야와 관련해서 다른 사람들과 의견도 나눌 수 있고 그 의견 나눔이 발전하여 오프라인에서 만남의 기회가 생기기도 한다.

물론, 회사의 업무 시간에 인터넷을 활용하거나 블로그를 하라고 말하는 것이 아니다. 블로그에 자기 의견을 남기는 데 소요되는 시간은 불과 몇 분이면 된다. 회사에서의 자투리 시간을 최대한 활용할 수 있는 시간이라고 할 수 있다. 최근에는 트위터를 활용할 수도 있는데 트위터는 한 문장을 작성하는 데 소요되는 시간이 더욱 짧다.

여러분은 하루의 자투리 시간이 몇 분 안 된다고 시간을 우습게 생각해서는 안 된다. 분명히 여러분이 할 수 있는 활동에 충분히 투자할 수 있는 시간이다. 사람의 인생에서 하루의 5분을 아껴서 당신이 하고 싶은 것에 몰입한다면 그 무엇이든 이룰 수가 있다.

이렇게 이야기해도 당신은 휴식 시간에는 휴식해야 한다고 말한다면, 그냥 쉬는 것도 여러분의 능률 향상을 위해서는 좋은 방법이 된다. 쉬고 싶은 사람들은 이 여유 시간(점심식사 후 시간)을 활용하여 잠깐의 낮잠을 잘 것을 권하고 싶다.

하루에 낮잠 10분은 사람의 피로를 풀어 주는 좋은 방법 중 하나라고 한다. 하루에 10분 숙면을 통해 오후의 업무 집중도를 높여서 업무 성과를 높이게 되면, 나름대로의 개인적인 성취와 발전이 있을 것이다.

62

새벽을 정복하면
두 발 앞서는 것이다

성공하는 사람들은 대부분 아침형 인간이라고 한다. 사실, 아침형 인간에 대해서는 처음에 회의적인 생각이 많았다. 사람마다 신체적 리듬이라는 것이 다른데 일률적으로 아침형 인간을 강조하는 것은 아무래도 지나친 이야기라고 생각을 했다(사실 필자는 저녁형 인간이었다). 그렇지만 최소한 새벽에 일어나지는 못한다고 해도 남들보다 1시간 정도만 일찍 일어나서 생활해 보니 여러 가지 이점이 있다는 것을 알게 되었다.

아침형 인간에게는 시간이 없어서 공부를 못 한다거나 시간이 없어서 운동을 못 한다는 핑계는 더 이상 그 의미를 가질 수 없다.

남들보다 일찍 잠에서 깨어난 1시간을 통해서 할 수 있는 일은 너무나도 많다. 아침에 상쾌한 공기를 마시며 운동할 수 있다. 돈 들이지 않고 일찍 일어나서 동네 한 바퀴를 뛰면 신체적으로도 건강해지지만, 정신적으로도 여유로움을 느낄 수 있게 된다. 아침에 운동하는 사람들의 행복을 당신도 느낄 수 있는 순간을 갖게 되는 것이다. 또한 아침 시간에 책을 읽을 수 있는 것만으로도 당신은 행복을 느낄 수 있다. 향기로운 커피 한잔과 좋아하는 책을 보는 것도 정신적인 여유로움을 가질 수 있다.

아침에 남들보다 먼저 일어나면 여유로운 출근시간을 가지게 된다. 출근시간이 여유롭다는 것은 출근시간에 스스로 사색할 수도 있고 미래의 나를 그려 볼 수도 있으며 오늘 할 일에 대한 계획을 머리로 그릴 수가 있는 것이 된다. 또한 북적거리는 다른 사람의 출근시간과는 달리 사람들이 없기 때문에 많은 사람으로부터 오는 번잡함과 스트레스를 줄일 수 있다. 당연히 출근시간에 버스나 지하철을 타더라도 항상 앉아서 편하게 출근할 수 있으며 이 시간에 책을 보거나 영어 공부를 할 수 있는 자기 계발의 시간을 가질 수도 있다. 회사에 일찍 출근하기 때문에 지각에 대한 두려움과 스트레스도 없앨 수 있고, 남들보다 먼저 출근하기 때문에 업무 시작 전까지 남는 시간을 개인시간으로 충분히 활용할 수 있으며, 하루를 계획적으로 살 수 있는 기회를 만들 수 있다. 남들보다 항상 먼저 출근하기 때문에 성실함에 대해서 상사의 칭찬을 들을 수 있으며, 행여 남들보다 조금 일찍 퇴근해도 당신은 남들보다 먼저 출근했기 때문에 부담 없이 퇴근할 수 있게 된다.

당신은 아침에 일찍 일어나는 즐거움을 가지고 싶기 때문에 저녁에 술을 마시는 것을 스스로 자제할 수 있다. 지나친 과음은 아침의 즐거움을 방해하는 요소이기 때문에 스스로 과음을 자제하게 된다 (물론 건강에도 좋은 것은 말할 것도 없다).

이제 아침에 일찍 일어나서 향유할 수 있는 이 행복과 즐거움을 경험해 보고 싶다는 생각이 들 것이다. 내일부터 일찍 일어나서 새벽을 정복하길 바란다.

63

서류가방을 가지고 다니는 것도 당신의 경쟁력이다

서류가방을 가지고 출퇴근하는 회사원들을 보면 남들보다 조금은 더 열심히 삶을 사는 사람이라는 생각이 든다. 오해는 하지 말기를 바란다. 서류가방을 가지고 다니지 않는 사람이 인생을 치열하게 살지 않는다고 말하는 것이 아니기 때문이다. 단지 서류가방을 가지고 다니면 서류가방을 통해서 하나라도 더 얻을 수 있는 무엇이 있을 것이라고 생각하기 때문에 조금 더 삶을 열심히 사는 사람이라고 말하고 싶을 뿐이다.

서류가방을 단순히 서류를 가지고 다니기 위한 용도로만 생각한다면 조금 더 넓게 생각의 폭을 넓혀 보도록 권하고 싶다. 생각을 달리해 보면 서류가방은 단순히 서류만을 가지고 다니기 위한 용도라기보다 그 이상의 용도를 생각할 수 있다.

서류가방은 당신이 항상 준비되어 있는 사람이라는 것을 알려준다. 서류가방을 가지고 다니는 사람들에 대한 느낌은 필요한 자료를 항상 가지고 있기 때문에 그 사람에게는 무엇을 요구하든 바로 필요한 요구 사항에 대한 해답을 줄 것 같은 사람으로 인식된다.

서류가방이 가지고 있는 매력 때문인지 모르겠지만, 서류가방은 최소한 당신을 '비즈니스를 제대로 하는 사람'으로 인식하게 해 준다. 복장이 개인의 경쟁력이 될 수 있는 것처럼 서류가방도 당신의 경쟁력 일부가 될 수 있다. 비즈니스를 하는 사람처럼 보인다는 것 자체가 다른 사람들로부터 호감을 살 수 있기 때문이다.

서류가방에 대해서 우리가 달리 생각해야 하는 이유 중에 다른 하나는 서류가방은 당신의 개인 역량 개발을 위한 도구로 활용할 수 있기 때문이다. 서류가방은 서류만 담아야 된다는 선입관을 버리기 바란다. 서류가방 안에 서류만이 있는 것은 아니다. 평상시 개인 역량 개발을 위한 도구들을 항상 가지고 다닐 수 있게 해 준다. 업무에 필요한 책을 담을 수도 있고 어학 공부를 위한 책이나 기타 여러 가지 역량 개발 도구를 담을 수가 있다. 그렇기 때문에 서류가방을 가지고 있는 사람들은 언제 어디서나 자기 계발에 필요한 시간을 만들어서 활용할 수 있다는 이야기가 된다.

오늘 아침 지하철을 타고 출근하였다면, 지하철 안에서 당신이 보았던 것을 생각해 보자. 서류가방을 가지고 있는 직장인들이 그 짧은 시간에 자기 계발을 하고 있는 모습을 보았을 것이다. 서류가방이 없는 직장인들은 그냥 하는 일 없이 잠을 자거나 공짜 신문을 읽고 있었을 것이다. 최소한 신문을 보고 있는 직장인들은 나름대로 정보를 얻고자 노력하는 사람이라고 볼 수 있으나 그냥 아무것도 하지 않는 직장인들은 그 중요한 인생의 시간을 그냥 버리고 있는 것이다.

신문을 보고 있는 직장인들이 정보를 얻는 사람이라면 자기 계발을 하는 사람들은 인생에서 성공하는 방법을 얻는 사람이라고 할 수 있다. 인생에서 성공하는 방법을 얻는 사람들이 인생에서 성공하는 것이다.

서류가방은 이처럼 우리가 생각하는 것 이상의 용도를 가지고 있다. 당신이 회사를 다니는 사람이라면 그리고 이 글을 읽고 서류가방의 중요성을 재확인하게 되면 서류가방을 하나 마련하길 바란다. 서류가방도 웬만하면 멋있는 것으로 하나 장만하길 바란다. 그래야 서류가방이 당신을 폼 나게 할 수도 있고 당신의 품위를 지켜 줄 수도 있기 때문이다.

64

운동을 하는 것만큼
중요한 자기 계발은 없다

운동하는 것에 대한 개념을 바꾸어야 한다. 그냥 건강하기 위해서 남들이 하니까, 운동을 안 하면 무언가 부족하다는 생각이 들어서, 아니면 다이어트를 하기 위해서 운동하는 것도 분명 의미가 있지만 운동하는 이유가 약하면 작심삼일이 된다.

운동하는 것은 자기 계발을 하는 활동이면서 자기 관리를 위한 방법이다.

자기 관리는 자신의 의지로부터 시작되는 것이다. 자신의 능력을 개발하는 것도 중요한 자기 관리이지만, 이보다 더 중요한 자기 관리는 건강관리를 제대로 하는 것이다.

신문을 보다 보면 나이 삼십에 고혈압이나 기타 성인병으로 인하여 인생을 마감한 사람들의 기사를 보게 된다. 젊은 나이에 인생을 마감하면 가장 손해를 보는 것은 회사도 아니고 가족도 아니다. 바로 인생을 마감한 그 사람이 가장 큰 손해를 보게 되는 것이다.

회사 생활을 하는 직장인들은 항상 스트레스를 달고 산다. 현대인이라면 누구나 스트레스를 받게 되어 있다. 누구나 가지고 있는 스트레스를 어떻게 관리하느냐가 여러분의 건강에 직접적인 영향을 줄 것이다.

사람마다 스트레스를 해소하는 방법은 여러 가지가 있을 수 있다. 운동한다거나 영화를 본다거나 혹은 컴퓨터 게임을 할 수도 있다. 많은 방법 중에 여러분에게 웬만하면 자제해 달라고 당부드리고 싶은 것은 바로 술을 마시는 것이다. 물론 적당히 술을 마시는 것은 건강에 이로울 수도 있다. 그러나 과도한 음주는 스트레스를 풀지 못할 뿐만 아니라 당신의 건강에 적신호를 만들 수 있기 때문이다.

음주보다는 운동하길 바란다. 운동을 통해서 일단 멋진 몸매를 만든다면 누가 보더라도 당신은 자기 관리에 성공한 사람으로 보일 것이다. 솔직히 나이 사십이 되기 전에 배가 나왔다면 당신은 자기 관리에 실패한 것이다(책을 쓰는 필자도 나이 사십에 배가 나왔다. 그래서 지금 운동을 하고 있다).

자기 관리에 실패한 사람은 회사에서도 성공할 확률이 낮아진다. 자기 관리에 실패한 사람은 조직 생활에도 실패할 확률이 높다고 회사는 생각하기 때문이다.

혹자는 '능력을 개발할 시간도 없는데 무슨 시간을 만들어서 운동을 하느냐'라고 반문하실 수도 있다. 사회에서 생존하기 위해서는 가장 중요한 것이 개인의 경쟁력인 만큼 개인의 경쟁력을 높이는 것이 최우선되어야 한다고 이야기하는 것으로 이해되지만, 개인의 경쟁력을 키우기 위해서는 근본적으로 건강이 뒷받침되어야 가능한 것이다. 건강을 잃고서 회사에서 전문가로서 성공하는 것이 인생에서의 성공은 아니다.

하늘나라로 가서 하나님에게 전문가로서 역할을 할 작정이라면 운동을 안 해도 되지만 살아 있을 때 나의 가족과 당신 자신을 위해서라면 운동을 통해서 건강을 관리해야 한다.

자신의 이력서에 건강 이상 무라고 쓰는 것도 중요한 경력 사항의 하나이다. 회사에서는 절대로 건강에 이상이 있는 사람을 채용하지 않는다. 입사가 가능하더라도 당신이 지치게 되기 때문에 결국에는 당신 본인이 회사를 포기할 수밖에 없다.

혹시나 보험사에서 말하는 자산 보장 금액이 크다고 당신 스스로 걱정이 없다고 생각해서는 안 된다. 보험금의 크기하고 당신의 건강하고는 아무런 관련도 없다. 당신 건강의 적신호가 가족에게는 불행이고 사회적으로는 손실이 된다.

65

인맥구축은 진실성이 있어야 한다

어떤 목적을 가지고 인맥을 구축하려고 하면 그 목적 달성도 어려워지고 제대로 된 인맥 구축도 어려워지게 된다. 누군가의 도움을 받기 위한 인맥 구축보다는 누군가에게 도움을 주기 위한 인맥 구축이 더 오래가는 법이다. 남을 도와주기 위한 인맥 구축에는 진실성이 있다. 누군가에게 도움을 받고자 의도적으로 인맥을 구축하면 진실성이 결여되어 있기 때문에 당신은 그저 순간에 따른 다른 사람의 얼굴 정도만 알게 되는 것이지 그 사람을 당신 사람으로 만들 수가 없다.

반면에 누군가를 도와주기 위해서 인맥을 구축하는 사람들은 신뢰가 그 밑바탕에 깔려 있게 된다. 신뢰를 바탕으로 사람들을 만나게 되면 만나는 사람마다 당신에게 신뢰를 주게 된다. 서로가 진실하게 서로를 위하는 관계 형성이 되기 때문에 진실성이 있는 인맥 구축이 오래가는 것이다. 회사 생활을 포함한 인생 성공의 밑바탕은 제대로 된 인맥을 갖는 것이다.

평소 알고 지내던 친구가 회사가 부도나서 회사를 그만두게 되었는데, 개인적인 경제적 어려움도 어려움이지만, 최근 경기의 영향으로 다른 직장을 구하는 것이 쉽지가 않았다. 그렇게 몇 달을 구직 활동을 하던 그 친구는 지인의 도움으로 다른 직장에 취업하게 되었고 경제적인 어려움도 해결할 수 있었다.

또 다른 친구는 회사를 그만두고 장사를 시작했는데, 경기 탓으로 장사가 순조롭지 않았다. 그렇다고 장사를 그만두기에는 초기 투자비가 많이 들었기 때문에 어떻게 할 수가 없는 상황이었다. 그동안 친하게 지내던 지인들에게 도움을 요청했지만 번번이 거절당하여 최악의 상황에까지 몰리게 되었는데, 본인과 평상시 관계가 돈독하지 않았다고 생각했던 또 다른 지인들의 도움으로 지금은 장사가 제법 잘되고 있다.

이 두 사람의 공통점은 함께 살아갈 수 있는 인맥을 가지고 있었다는 것이다. 만약 그 두 사람의 인간관계가 엉망이었다면 누가 그 사람을 도와주려고 했을까?

아마 아무도 없었을 것이다.

장사했던 친구는 본인이 친하다고 생각했던 사람들은 어떤 목적을 가지고 만났던 사람임에 틀림이 없다. 그 목적이 희석되자 바로 등을 돌리는 사람들을 본인은 제대로 된 인맥이라고 생각했지만, 오히려 그동안 이해관계가 없었던 지인들이 진실성을 가지고 구축된 인맥이라는 것이 어려운 환경에서 나타난 결과라고 할 수 있다(이해관계가 없었던 것이 제대로 된 인맥 관계 형성에 도움이 되었을 것이다).

이렇게 인맥을 형성하는 데 있어서 중요한 것은 상호간의 신뢰이다. 남에게 도움을 받고자 하는 의도를 가지고 인맥을 구축하는 것은 실효성이 없을 수 있다. 왜냐하면 상대방은 당신의 그런 의도를 바로 알아차리기 때문이다.

처음부터 어떤 의도를 가지고 다른 사람에게 접근하면 일반적인 경우보다는 어색한 태도를 보이기 때문에 상대방은 당신의 의도를 바로 알게 된다. 순수한 마음으로 남에게 대접받고 싶은 만큼 대접해야만 올바른 신뢰관계가 형성된다. 그러한 순수한 마음으로 형성한 인맥은 당신이 어려울 때 도움을 줄 것이다.

결과적으로 당신에게 도움을 주지 못하는 관계가 될 수도 있다. 그러나 그것은 인생에서 하나의 결과일 뿐이다. 지인의 도움이라는 것이 꼭 금전적인 것만이 아니기 때문이다.

어떠한 상황에서 어떠한 일로 당신은 도움을 받을 수도 있고 도움을 줄 수도 있다. 심지어는 당신의 자식이 당신 때문에 누군가의 도움을 받을 수도 있기 때문에 사람과의 관계는 진실성이 있는 관계로 구축해야 한다.

66

이력서를 매일 새로 써야 한다

이제 더 이상은 평생직장이라는 개념에 대해서는 잊어야 한다. 평생직장이 아니라 평생 직업이라는 개념으로 당신의 사고를 전환해야 한다.

그러면 평생 직업인이 되려면 어떻게 해야 하는가라는 질문에 대한 대답으로 나만의 유일한 전문성을 키워야 한다고 말하고 싶다. 나만의 유일한 전문성을 키우기 위해서는 내가 정말로 즐겁게 할 수 있고 잘할 수 있는 것이 무엇인지를 먼저 알아야 한다. 나의 강점이 무엇인지, 그리고 즐겁게 할 수 있는 것이 무엇인지에 대한 진지한 고민으로부터 평생 직업을 결정해야 한다. 그리고 평생 직업에 대해서 결정하고 평생 직업에 대한 유일한 전문성을 키우기로 결심했다면 현재 내가 유일한 전문성을 키우고 있는지 항상 스스로 자문해야 한다.

평생 직업에 대한 나의 목표가 세워졌다면 이제는 그 기준에 대한 관찰 가능한 지표가 있어야 한다. 관찰 가능한 지표는 목표를 위한 실행 여부를 판단할 수 있는 것이어야 한다. 오늘의 행동이 미래 나의 성공을 좌우하기 때문이다.

나의 전문성에 대한 검토 가능한 가장 좋은 지표를 설정하는 방법은 매일 나의 이력서를 쓰는 것이다.

이력서는 나를 포함하여 언제나 타인이 볼 수 있는 자료이기 때문에(다른 사람이 볼 수 있기 때문에 객관적일 수가 있다), 그리고 오늘의 현재 모습에서 내일의 발전된 모습으로 진화되고 있는지를 알 수 있기 때문에 제대로 인생의 항로를 가고 있는지 관찰이 가능한 것이다. 그러기 때문에 매일 나의 이력서를 써야 한다.

매일 쓰는 이력서에는 항상 새로운 이력 사항을 적을 수 있도록 노력해야 한다. 날마다 나의 이력서를 보면서 오늘은 과연 내가 이 이력서에 무엇을 추가할 수 있었는지를 반성해야 한다. 이력서에는 오늘 새로운 교육을 통해서 또는 새로운 업무를 통해서 얻을 수 있었던 것에 대해서 추가할 수 있는 내용이 있어야 한다.

당신의 이력서에 오늘에 대한 새로움이 없다면 당신은 정체되고 있는 것이기 때문에 뼈저리게 반성해야 한다. 당신이 정체되고 있는 동안 당신의 사회적 경쟁자들은 당신보다 앞으로 나아가고 있는 것이다. 그냥 앞으로 나아가는 것이 아니라 당신 앞으로 뛰쳐나가는 것

이다. 당신이 잠깐 정체되어 있으면 그 경쟁자들을 따라잡기 위해서
는 지금보다 수백 배의 노력을 기울여야 한다.

　너무나도 끔찍하고 오싹한 일이 아닌가? 잠시 동안의 정체로 인
해 당신의 경쟁자와의 간격이 따라가지도 못할 정도로 벌어진다는 사
실이 말이다.

　당신이 정체되지 않기 위해서는 날마다 이력서를 검토해야 한다.
당신의 이력서는 단순히 다른 직장으로 옮기는 수단이 아니고, 인생
에서 제대로 된 방향인지를 알려주는 이력서로 활용해야 한다. 매일
인생의 이력서에 대한 고민은 삶의 자극제가 된다. 나태해지려고 하
는 나의 태도를 자극함으로써 전문가가 되기 위해 하루하루를 노력
하게 만든다.

가끔은 파란 하늘을 쳐다보자

　회사에서 성공하기 위한 방법을 모색하는 긴 마라톤을 이제 끝내고자 한다. 성공을 위해서 너무나 할 일이 많다는 생각에 즐겁기도 하지만, 두렵기도 하다. 무언가를 끊임없이 할 수 있다는 것에는 즐거움을 느끼지만, 혹시나 인생의 긴 여정 속에서 다시 나태해지는 것이 아닐지, 조금은 두려움이 느껴지기도 한다.

　매일 이력서를 쓰면서 조금이라도 스스로 나태해지는 것을 용서하지 않으려고 하지만, 그 결심이 죽을 때까지 이어졌으면 하는 바람이 있는 것은 어쩌면 나 자신도 분명히 사람이기 때문일 것이다.

　그래도 오늘도 무언가를 할 수 있다는 것에 하나님께 감사드린다. 무언가를 하고 있다는 것은 살아 있다는 증거이기 때문이다.

　회사에서의 성공이라는 이미지는 개인마다 다를 것이다. 누구는 대표이사가 되는 것이 성공이라고 생각할 것이고, 누구는 전문가로서의 개인 명성을 성공이라고 생각할 수도 있다. 성공의 의미가 개인마다 다르다고 그 성공을 위한 방법마저 다른 것은 아니다. 성공을 위한 방법은 원칙을 지키는 것이다. 이 세상에 원칙을 지키는 것보다 강한 것은 없다는 것이 개인적인 지론이다.

여기까지 함께 온 여러분에게 감사를 드린다. [들어가는 글]에서 이야기한 것처럼 이 글을 통해서 여러분이 인생에서, 그리고 회사에서 성공하기를 다시 한 번 기원한다.

인생은 긴 마라톤이다. 긴 여정 속에서 여러 가지 일들이 있을 수 있다. 어떤 난관에 부딪히면 그 난관이 해결되지 않을 것 같아 긴 고민을 하기도 한다. 긴 고민을 하게 되면 고민이라는 웅덩이에 빠지게 되는데, 그럴 때 가끔은 파란 하늘을 쳐다보길 바란다.

파란 하늘을 쳐다보면 구름이 있을 것이다. 구름의 모양은 당신의 마음속에 있는 그 무엇을 그리고 있을 것이다. 구름의 모양을 보면서 당신의 미래를 꿈꾸길 바란다. 파란 하늘을 보고 있으면 당신의 추억과 미래가 펼쳐질 것이다. 파란 하늘을 보면서 당신은 10년 뒤의 자기 모습을 그릴 수 있는 여유가 생길 것이다.

파란 하늘을 보면서 이제 내가 무엇을 해야 하는지 새로운 결심이 생길 것이다.

회사 생활이 항상 즐거운 것은 아니다. 그러나 그 회사 생활을 당신 것으로 만들어야 한다. 회사 생활을 당신 것으로 만들어서 10년

뒤에는 내가 꿈꾸는 세상으로 회사를 만들기 바란다.

그러기 위해서 지금은 인내가 필요하다.

파란 하늘을 볼 여유가 없다고 이야기하지 말고, 항상 앞만 보고 달리지 말고, 일을 하다가 몸이 피곤하다고 느껴질 때 가끔 파란 하늘을 쳐다보자.

그곳에서는 당신의 미래를 그릴 수 있다.

김인범

한국외국어대학교를 졸업하고
고려대학교 노동대학원 인력관리학과에 재학 중이다.
대림코퍼레이션에서 인사팀장 역할을 수행했으며,
지금은 조직성공 및 인사 관련 컨설턴트 프리랜서로 활동 중이다.
그동안의 경험을 바탕으로 조직이 성공하기 위해서 필요한 사람 관리와
개인이 조직에서 성공하기 위해서 필요한 활동에 관해서
관심을 가지고 책을 쓰고 있다.

한국인사관리협회, 페이오픈, 한국외국어대학교 외 다수 출강

『조직성공의 핵심은 사람관리이다』(2010)
『리더가 꼭 알아야 할 실전 인사관리』(2009)
『인사 전략 이렇게 하면 된다』(2006)

Homepage : http://www.hrchampion.net/
E-mail : jackysong@hanafos.com

회사 3년차를 위한

직장생활수칙
66

초판인쇄	2010년 12월 20일
초판발행	2010년 12월 20일

지은이	김인범
펴낸이	채종준
기 획	권성용
아트디렉터	양은정
표지디자인	이효정

펴낸곳	한국학술정보(주)
주 소	경기도 파주시 교하읍 문발리 파주출판문화정보산업단지 513-5
전 화	031)908-3181(대표)
팩 스	031)908-3189
홈페이지	http://ebook.kstudy.com
E-mail	출판사업부 publish@kstudy.com
등 록	제일산-115호(2000.6.19)

ISBN	978-89-268-1781-0 13320 (Paper Book)
	978-89-268-1782-7 18320 (e-Book)

이담 Books 는 한국학술정보(주)의 지식실용서 브랜드입니다.